De Flavià han dicho...

Flavià es un monstruo del desparpajo y de la falta de corsés.

QUIM MONZÓ

Flavià se revela cada noche como un espíritu libre que utiliza la risa para poner en su sitio a la tontería imperante.

RAMÓN DE ESPAÑA

Flavià destila un discurso casi terrorista que dispara contra los incuestionables valores de nuestro mundo, no con encendidos discursos morales, sino con la resignada constatación del fracaso de las grandes palabras.

SERGI PÀMIES

De Rubianes han dicho......

Rubianes es imbatible. Siempre nos lleva cinco minutos de ventaja.

ANDREU BUENAFUENTE

A Pepe Rubianes lo parieron con talento...Esa es la diferencia.

LOLES LEÓN

Tratándose de Rubianes, no tengo palabras.

QUIM MONZÓ

Jugando al yoyó con ruedas de molino, este gallego-catalán, injertado de cubano, va por la vida desenmascarando la realidad y así nos ayuda a ser un poco mejores.

JOAN MANUEL SERRAT

¡METIENDO CAÑA!

Pepe RUBIANES
Carles FLAVIÀ

¡METIENDO CAÑA!

Carol LÓPEZ
Editora de la obra

coña fina

Si usted desea que le mantengamos informado de nuestras publicaciones, sólo tiene que remitirnos su nombre y dirección, indicando qué temas le interesan, y gustosamente complaceremos su petición.

Ediciones Robinbook
información bibliográfica
Industria 11 (Pol. Ind. Buvisa)
08329 Teià (Barcelona)
e-mail: info@robinbook.com

www.robinbook.com

Diseño de cubierta e interior: Cifra.
Fotografías de cubierta e interior: Camaleó.
ISBN: 84-7927-713-0.
Depósito legal: B-16.955-04-2004.

Impreso por Hurope, Lima, 3 bis - 08030 Barcelona.

Impreso en España - *Printed in Spain.*

Flavià-Rubianes, Rubianes-Flavià

INTRODUCCIÓN

Carles Flavià y Pepe Rubianes son amigos y residentes en Barcelona. Comparten profesión, manager, amigos y un nombre de mujer, Lucila.
Ambos tienen una visión del mundo subversiva e iconoclasta. Huyen siempre de lo convencional y tienen la bandera de lo políticamente incorrecto como único estandarte.
Su postura es la impostura, pero no rehuyen nunca el compromiso. Son dos tipos que se mojan. Desde su púlpito teatral imparten lecciones de mala leche, sin concederle a nadie —ni siquiera a ellos mismos— la absolución.
Como los buenos pesimistas, miran a ambos lados antes de cruzar una calle de dirección única. Y es que, habiendo aprendido más por diablos que por viejos, decidieron que antes de amoldarse a la vida, ésta se amoldaría a ellos.
Rubianes-Flavià, Flavià-Rubianes, —¿qué más da? (el orden de los factores no puede alterar, más de lo que está, el producto)— forman un binomio inquebrantable. Si por separado hacen reír a la concurrencia, juntos provocan la carcajada al cuadrado.
En estas páginas se pretende reflejar tanto su peculiar manera de tratar los grandes temas que aquejan a la humanidad, como su talento para captar el humor que se desprende de los hechos más cotidianos, afilando la lengua para verbalizar, a su manera, el desconcierto y el asco que les producen algunas actitudes humanas.
Les hemos dado cancha para que despotriquen a su antojo, haciendo su particular cacerolada contra todo aquello que les saca de quicio. Y debo advertirles que son muchas y diversas las cosas que les enojan.

En cierto sentido, este libro puede considerarse de prescripción facultativa. Si dejan que la realidad circundante pase por el tamiz de la ironía de estos dos canallas, todo les resultará menos doloroso.
Pasen y vean. La función está a punto de comenzar.

Flavià: biografía

NOMBRE:
Carles.

APELLIDOS:
Flavià Pons.

LUGAR Y FECHA DE NACIMIENTO:
Barcelona, 10 septiembre de 1945.

HORÓSCOPO:
Virgo.

PESO:
93 kilos.

ALTURA:
1,74 metros.

NÚMERO DE PIE:
43.

COLOR PELO:
Le queda poco y canoso.

COLOR OJOS:
Marrones.

MATRIMONIOS:
Uno.

DURACIÓN:

5 años.

ESTADO CIVIL:

Convive desde hace más de 15 años con Lucila, su pareja de lecho.

IDIOMAS:

Habla lo que haga falta y más.

CONOCIMIENTOS DE INFORMÁTICA Y NUEVAS TECNOLOGÍAS:

Tiene ordenador portátil pero desconoce internet. Posee un móvil que no para de sonar en todo el día.

PERMISO DE CONDUCIR:

Moto y coche. Le encanta conducir.

ENFERMEDADES CRÓNICAS:

Noctambulismo y el sueño, sobre todo, por las mañanas.

ALERGÍAS:

Aguda al trabajo.

AFILIACIONES:

Participa anualmente en la recaudación de fondos para la asociación que preside el PARE MANEL, cura y amigo que se dedica a organizar actividades sociales para grupos marginales (partidos de fútbol, lotería de barrio...) y que cada año organiza un espectáculo donde se reúnen varios artistas bajo el lema, *Guanya't el cel amb el pare Manel (Gánate el cielo con el padre Manuel)*.

ANTECEDENTES POLICIALES:

Se le vio en París en Mayo del 68, aunque él asegura que no se enteró de nada. No es partidario de las pegatinas con slogan ideológico: «No soy un hombre anuncio».

ANTECEDENTES TEATRALES:

Manager personal de Gato Pérez, Orquesta Platería y Pepe Rubianes. Debuta sobre las tablas en 1997 con las *Epístolas de Carles Flavià*. Le coge gusto a esto de estar solo y hablar desde el escenario y continúa: *Prensamiento, El estado del malestar* y acaba de estrenar *El Evangelio según Flavià*. Ha probado también trabajar en compañía: *Cinco hombres.com, Gatísimo* (homenaje a su querido Gato Pérez) y con la vedette Norma Duval en el espectáculo *Imagine*.

ANTECEDENTES CINEMATOGRÁFICOS:

Se le ha visto en *Lisístrata* de Francesc Bellmunt, *Lola vende cá* de Llorenç Soler, *Excusas* de Joel Joan, *El Gran Gato* de Ventura Pons y *Haz conmigo lo que quieras*, el debut cinematográfico de Ramón de España.

ANTECEDENTES TELEVISIVOS:

Tiene su espacio diario en BTV «Qui té boca», desde donde reflexiona en voz alta y en cinco minutos acerca de lo más destacado de la jornada. (Este programa sustituye al anterior «Qualsevol nit pots sortir sol», en la misma cadena, de duración más breve y en horario tardío.) Colaboró en el marte de Sardà. Participó en «El club de la comedia», «Corriente alterna» y «El candelabro».

ANTECEDENTES RADIOFÓNICOS:

Colabora a diario en «Problemes domèstics», programa que presenta y dirige su buen amigo Manel Fuentes en RAC 1.

Fue colaborador de «La ventana», programa que dirige y presenta Gemma Nierga en la SER, hasta que prescindieron de sus servicios.

Rubianes: biografía

NOMBRE:
Pepe.
APELLIDOS:
Rubianes Alegret.
LUGAR Y FECHA DE NACIMIENTO:
Villagarcía de Arousa, 2 de septiembre de 1945.
HORÓSCOPO:
Virgo.
PESO:
74 kilos.
ALTURA:
1, 70 metros.
NÚMERO DE PIE:
40.
COLOR PELO:
Canoso.
COLOR OJOS:
Marrones.
MATRIMONIOS:
Uno.
DURACIÓN:
7 años.
ESTADO CIVIL:
Soltero y sin ganas de compromiso.
IDIOMAS:
Habla lo que haga falta y más.

CONOCIMIENTOS DE INFORMÁTICA Y NUEVAS TECNOLOGÍAS:

Posee móvil, ordenador y tiene nociones básicas de informática. Usa correo electrónico.

PERMISO DE CONDUCIR:

No tiene, y presume de ello. Su medio habitual de transporte es el taxi.

ENFERMEDADES CRÓNICAS:

Fumador empedernido y una cierta facilidad para la depresión.

ALERGÍAS:

Todas de tipo nervioso.

AFILIACIONES:

Participa anualmente en la recaudación de fondos para la asociación que preside el PARE MANEL, cura y amigo que se dedica a organizar actividades sociales para grupos marginales (partidos de fútbol, lotería de barrio...) y que cada año organiza un espectáculo donde se reúnen varios artistas bajo el lema, «Mirem al cel» (Miremos al cielo).

ANTECEDENTES POLICIALES:

Participó activamente en la manifestación de NO A LA GUERRA. Se expresa políticamente a través de la red, con textos sobre el gobierno del PP, la manifestación del 12 de marzo y sus opiniones varias sobre todo lo que le irrita.

ANTECEDENTES TEATRALES:

Después de trabajar en compañía con Dagoll Dagom en los espectáculos *No hablar en clase* y *Antaviana*, y en el Teatre LLiure con *Operació Ubú*, dirigido por Albert Boadella, se va a Cuba y descubre que le gusta más estar solo encima del escenario. Lo seguirá a rajatabla a lo largo de su dilatada carrera teatral: *Pay-Pay, Ño, Sin palabras, En resumidas cuentas, Por el amor de Dios* (comparte escenario con una actriz, Cristina Dilla), *Scuuummm, Rubianes 15 años,* y desde hace ocho temporadas, está instalado en el Club Capitol con su *Rubianes, solamente.*

ANTECEDENTES CINEMATOGRÁFICOS:

Se le ha visto en diversas películas, como *La batalla del porro,* de Joan Minguell; *Barrios Altos,* de J. L. García Berlanga; *Cucarachas,* de Toni Mora; *El perqué de tot plegat,* de Ventura Pons; *Boom boom,* de Rosa Vergés, y *El Crimen del cine Oriente,* de Pedro Costa, donde tenía el papel protagonista.

ANTECEDENTES TELEVISIVOS:

Su actuación más destacada fue en la versión televisiva del héroe de cómic de Ivà, «Makinavaja», aunque ha participado en otros, como «Digui-Digui» o «Sin vergüenza». Posee la condición de entrevistado universal. No sólo ha sido el protagonista de la entrevista más larga emitida por televisión (9 horas seguidas, en riguroso directo: *L'entrevista del mil.leni,* en TV3), sino que además invitarlo a un plató es un buen recurso para subir la audiencia de cualquier programa que se precie.

ANTECEDENTES RADIOFÓNICOS:

Colaboró en el programa «El món s'acaba», de Xavier Grasset. Y también con Xavier Sardà en «La ventana», cuando estaba en RNE.

A de amor

UNA DEFINICIÓN

- El amor es un no sé qué que viene no sé por dónde enviado no sé por quién.
- Se engendra yo no sé cómo.
- Se alimenta de no sé qué.
- Desarrolla un no sé qué exactamente cuándo para hacer no sé exactamente el qué.
- Conténtase con poco de cómo, de cuándo y de por qué, para gestar no sé cómo ni cuándo, ¡un no sé qué!
- Lía el qué del cómo, el qué del por qué, el cuándo del dónde y el dónde del por qué, para embarullar no sé cuándo ni cómo ni dónde, lo que no tenía por qué.

* Y el dónde, el cuándo y el cómo, ¡que qué de qué!
* Y el que de si no sabe cómo, ni cuándo, ni quién, calla, no se sabe dónde, la realidad de su qué...
* Déjase sentir no sé dónde para más tarde marchar no sé por qué, y reaparecer de súbito no sé cómo ni cuándo ni con quién... Y vuelta a empezar de nuevo con el qué del cómo, el qué del cuándo, y el qué del por qué.
* Y un día, sin saber cómo, mata no sé por qué.

UNA CREENCIA

Estamos en una sociedad en que la ausencia de Dios es un hecho, pero lo que queda en la base de este hecho persiste. Pueden pensar que están en una sociedad laica, pero se equivocan, están en una sociedad religiosa.

¿Puede cualquiera estar preparado para algo tan grande? Si le preguntan: "¿Cree en Dios?", usted queda de maravilla diciendo: "Soy agnóstico, no entra en el campo científico la fe en Dios". Pero si le preguntan: "¿Cree usted en el amor?", suele contestar: "Evidentemente, en el amor creo a ciegas". Créame, es usted un ignorante, porque... ¿me puede decir en qué campo científico se experimenta el amor? ¿Qué pueden demostrar del amor? Dos encabronamientos, tres lágrimas y dos borracheras. Y si usted dice que no cree en esto, que es agnóstico en el amor, le mirarán como a un bicho raro y pensarán que habla de coña. Pero, díganme, ¿dónde está el amor? ¿Dónde lo han visto los españoles?

Porque ni siquiera el Código Civil, artículo 67-69, exige el amor para el matrimonio. Sólo exige convivencia y ayuda mutua. Donde sí aparece el amor es en el Código Penal (parricidio, infanticidio...): «La maté porque era mía». Gente que se suicida por amor, que dispara por amor... «Si me dejas, me mato», han dicho miles de idiotas de ambos sexos. «Sin ti, mi vida no tiene sentido", pues vaya mierda de vida que depende de tan poca cosa. Además te dicen: «El amor es lo más grande que hay en este mundo, lo más sublime». Pero, oigan, si poca gente sabe pintar, pocos saben tocar medianamente el piano y ni siquiera afinamos al cantar... ¿Cómo puede ser que el amor, algo tan sublime, esté al alcance de cualquier cafre? Ahí va la pregunta del millón: ¿Puede cualquiera estar preparado para algo tan grande? ¿Puede haber algo tan grande al alcance de todos los españoles? (f)

EL VERBO AMAR

A ver, Rubianes, presente de indicativo del verbo amar:
—Yo amo, tu amas, el amó.
—Burro, repita: presente de indicativo del verbo amar.
—Yo amo, tú amas, él ama.
—¡¡Bien!!
—Nosotros mamamos ¡¡¡Ay, ay, ay!!!!
—Se queda castigado hasta las siete. A ver usted, González, presente de indicativo del verbo amar.
—Yo hubiera o hubiese mamado.
—Se queda castigado hasta las once. A ver usted, Puig, presente de indicativo del verbo amar.
—Yo hubiera o hubiese, hubiera o hubiese mamado a Rubianes.
—¡¡¡Hala!!!
—Se quedan todos castigados hasta las doce. Muy mal lo van a tener con el verbo amar en esta vida. Todos hasta las doce. (r)
—¡¡Mi padre me va a matar!!

LOS EFECTOS DEL AMOR SOBRE EL CUERPO

No os lo vais a creer, pero un día me pasó algo muy serio, muy serio. Noté por primera vez que mi cuerpo se mutaba sin apenas darme cuenta.
Los pelos de todo el cuerpo se me pusieron de punta como agujas de calcetar, las piernas se me anudaron a la altura de las rodillas, el brazo dere-

cho pasó a ser izquierdo y viceversa, los dientes se me cayeron al mentón, y el estómago, el estómago sé que anduvo de romance con la columna —aunque sé de buena tinta que a él lo que le interesaba era la séptima vértebra; ligándose a la madre, mucho más fácil llegar a la hija, ¿no?—. Y no os quiero hablar de los ojos, porque se me llenaron de estrellas.
Sé que no lo vais a creer, pero es cierto. La culpa, la culpa la tuvieron aquellos ojos y la sonrisa amable que ella, aquella mujer, me dedicó sin que servidor lo esperara.
Quise hablarla, pero no pude. Quise acariciarla, pero la caricia me iba al revés, la baba me caía por culpa de los dientes, las estrellas enfurecidas de mis ojos se lanzaron en picado sobre sus lindas mejillas, hiriéndolas hasta la sangre; la pinché con mi cabello; el estómago y la columna hacían el amor salvajemente, obligándome a convulsionarme con estrépito. Mi situación era vergonzante. Decidí relajarme; «¡Relax, Pepe! ¡Relax, relax!». Pero no pude, porque los pelos del pecho marcharon a por café.

¡¡MARCHEN DOS *CORTADOS* Y UN *CARAJILLO* PARA LOS PELOS!!

Las nalgas aplaudían a los testículos, que para quedar bien con ellas hacían inusitadas acrobacias, y las tetillas, sobretodo la derecha, se me enrolló con el hombro: no veáis qué pachanga se llevaban entre ellos. ¡¡Aquella mujer huyó con pavor!! Yo en ese instante era ya una pelota de carne que botaba idiota por la estancia. Intenté seguirla, pero con tanto *patachoa* no pude. Me hice caca y pis.
Cuando pude recomponerme, pasadas bien, bien tres horas, no di crédito a lo que había sucedido: todo estaba en su sitio, tan normal... los brazos, los cabellos, las piernas. Pregunté a amigos y conocidos si a ellos en idéntica situación les había pasado algo semejante. Me quedé estupefacto. Uno me dijo que en idéntica situación se volvió cenicero; otro, pelota de un colegio de primera enseñanza; otro, cochinillo de Segovia (y además patizambo); otro, peluca de solterona añeja; y uno muy pequeño, cuerda de guitarra. Creo que tuve más suerte que ellos, imaginaros: «Pepe pelota» —¡¡remata tira!!— ¡¡«Pepe cochinillo»!! Está claro que tuve más suerte que ellos.
El amor, el amor cambia a uno, pero... ¡¡Caramba!!, ¡¡caramba!!, ¡¡¡caramba!!!

BUSCANDO EL LADO POSITIVO

Estoy a favor del matrimonio, de la pareja, de la de hecho, de la de lecho, de todas. Yo, de lo que estoy en contra, es de los motivos que llevan a la gente al matrimonio. Porque por muy enamorado que estés, no hace falta casarse. Luego te encuentras con la hipoteca, tres hijos...

—Es que me hacía ilusión saber qué era esto del matrimonio.
—Pues ya lo sabes.

Éstos, a la primera que se les tuerza algo, la matan.

Pero yo defiendo a tope a la pareja, porque va bien para muchas cosas. Para discutir, por ejemplo. No se ha inventado nada mejor. Ofrece un abanico infinito de posibilidades de bronca diaria.

Ahora que estoy con el tema de la próstata, me levanto muchas veces para ir al baño mientras mi mujer duerme, y cuando pongo el pie en el suelo, a primera hora de la mañana, casi sin hacer ruido...

—Cariño, ya que estás de pie, ¿podrías traerme un vaso de agua y una aspirina? Y ya que estás, ¿me acercarías también la bata y las zapatillas, que no sé exactamente dónde están?, aunque lo que realmente me apetece es un zumito de naranja... ¿Por qué no te acercas a la tienda y compras unas naranjas y me haces un zumo? No te cuesta nada...

Y éste es el pedido que te cae sólo por poner el pie en el suelo... Ahora me meo en la cama. Y se han acabado los problemas.
Y cuando ella se levanta, empieza la retahíla:

—Todo está hecho una mierda, lo dejas todo tirado de cualquier manera, no recoges nada y hay que ver cómo está el despacho... El despacho es de los dos. Porque las tías trabajamos. A ver si te enteras.

Si no hay bronca, te la inventas. Te encuentras en el pasillo, por ejemplo.

—Buenos días.
—¿Cómo que buenos días con la nochecita que me has dado?
—Pero ¿como te atreves...?

Un par de frases bien cruzadas y ya tienes el volcán en erupción.
A veces pienso, ¿será eso la felicidad? Quizá es eso y no me he dado cuenta.

LOS BESOS

El beso es un acto sencillo y simple, que a veces se complica y es difícil darlo. Para que un beso se produzca son necesarios dos elementos básicos y perfectamente definidos:

1. Un elemento que desea besar.
2. Un elemento que desea ser besado.

Si no hay elemento que desea besar y elemento que desea ser besado, no hay beso.
A veces se da el caso de que los dos elementos desean besar y ser besados, pero el beso no se produce porque ninguno de los dos da el primer paso. También existe el caso de que el besante quiera besar y la presunta besada —aun queriéndolo— se oponga, o que no le guste el besante. O el del que está loco por besar pero no encuentra a quién.
Pero si las dos partes están dispuestas para realizar el acto de besar, encontramos que hay varias clases de besos:

1. **CASTO Y PURO:** Consiste en un leve roce de labio con labio, mirada al cielo pidiendo disculpas para santiguarse después. Poco extendido actualmente, sólo se encuentra en algunos ambientes ultraconservadores, al amparo de la iglesia más arcaica.

2. **RESPETUOSO O DE PRIMER CONTACTO:** Es un beso de tanteo que se limita a tocar el labio, aguantar un poco y continuar por mejilla, cuello y manos. Todo muy levemente.

3 **TERCERA CITA:** Se aguanta el labio con leve asomo de punta de lengua, abrazo potente y mano que empieza a perderse.

4 **DE CIERTA CONFIANZA:** Exploración dentro de la boca, profundizando en encías, dientes, muelas, paladar, llegando en ocasiones, hasta la campanilla. Es un beso laborioso para la lengua, que produce frecuentes enfrentamientos con la lengua contraria.

5 **DE TORNILLO:** Beso largo, cargado de intención. No hay prisa. Profundo intercambio salivar con ligeros mordisquillos en la lengua contraria. Trabaja sin parar toda la boca y la lengua parece talmente una luchadora grecorromana, lo cual puede causar al día siguiente cierto dolor y sofoco de la misma.

6 **DEL QUE PARECE HABER DESCUBIERTO LAS MINAS DEL REY SALOMÓN:** Para besar de esta forma, el cuerpo llega a adoptar las posturas más increíbles, alcanzando momentos incluso acrobáticos. Los revolcones en sofá, cama o litera son de un estruendo casi apocalíptico. Las bocas se comen una a la otra. La lengua puede llegar a extenderse a cavidades nasales, ojos y orejas, llegando en ocasiones, a lesionar seriamente el aparato auditivo de la parte besada. Este beso acostumbra a ser agotador y es conveniente una buena preparación física y psíquica. Son frecuentes las inflamaciones tanto labiales como linguales después de realizar la práctica.

7 **EN BUSCA DEL PORO PERDIDO:** Se trata de ir recorriendo el cuerpo contrario poro por poro. Es un beso lentísimo y puede producir cierta somnolencia a mitad del recorrido. Más de uno/a se ha quedado roncando en el empeño.

8 **DE HELADO:** Funciona a base de lametones.

9 **NEGRO:** Cualquiera de los besos anteriores pero dado por un negro o una negra.

DIÁLOGO AMOROSO

—Ay, cómo me gustan tus ojitos de huevitas de esturión.
—Ay, y a mí tus mejillas rosaditas como virutas de jabugo.
—Déjame que te bese la cococha.
—Estás mejor que un entrecot con patatas.
—Mira cómo se me está poniendo el pimiento morrón.
—¡Con la tinta de un calamar!
—¡Déjate de tonterías y dame teta gallega!
—¡Uy, sí, bébete mi leche pantera!
—Salto sobre ti como una rodajita de melón.
—¡Ah!
—¡Ah!
—¡Ah! ¡Ah! ¡Ah! ¡Ah! ¡Ah!
—Ay, que chistorra más rica.
—He quedado hecho un pisto.
—Ay, que dicha de flan.
—Sí, fresón con nata.
—Sabes que te digo...
—¿Qué?
—...contigo...
—...pan...
—...y cebolla.

ESA INSTITUCIÓN LLAMADA MATRIMONIO

Ustedes me disculparán que tenga que hablar de una institución tan criminal y sanguinaria como es el matrimonio, que cada año mata 95, 100 personas con la tontería esta de

"¿ME QUIERES? SÍ, PERO NO ME ACUERDO".

Pum. Este año han acabado 75 a 20 a favor de los tíos. Tanteo tipo NBA. A veces encuentras a alguna tía que mata, aprovechando que el tío siempre va colocado. Una espabilada. Pero siempre son minoría. Y en el juzgado no te dicen nada. Nadie te advierte del peligro.

—¿Me puedo casar?
—Sí, hombre, el día que quiera.
—¿Y puedo tirar arroz?
—Sí, claro, dos toneladas si quiere.

Y luego Salón Pronovias, vivan los novios, Maripili se casa... Al menos si usted se fuma un paquete de tabaco le van avisando..., le aconsejan que vigile porque si continúa fumando...
Pero en lo del matrimonio no te avisan. No te dicen nada. Y a veces, el tío la mata, y una vez que la ha matado dice:

—¿Qué coño hago yo en este mundo?
Y se mata él después.
—A ver si la pillo por el camino.
Y otras veces, terminan en el juzgado:
—Y usted, ¿por qué la mató?
—¿Yo? Porque la quería. Porque estaba profundamente enamorado.
Mi mujer, últimamente me dice:
—Oye, a ver si tú un día te animarás y...
Y yo le respondo:
—Cariño, no estoy suficientemente enamorado.

Porque hay que estar muy enamorado para matar a tu mujer. Como ese japonés que mató a su mujer, la troceó en pinchitos, la puso en la nevera y se la iba comiendo. Este tío será un criminal, pero enamorado estaba a tope. Porque yo a mi mujer no sé si la mataré, pero lo que es seguro es que no me la como.

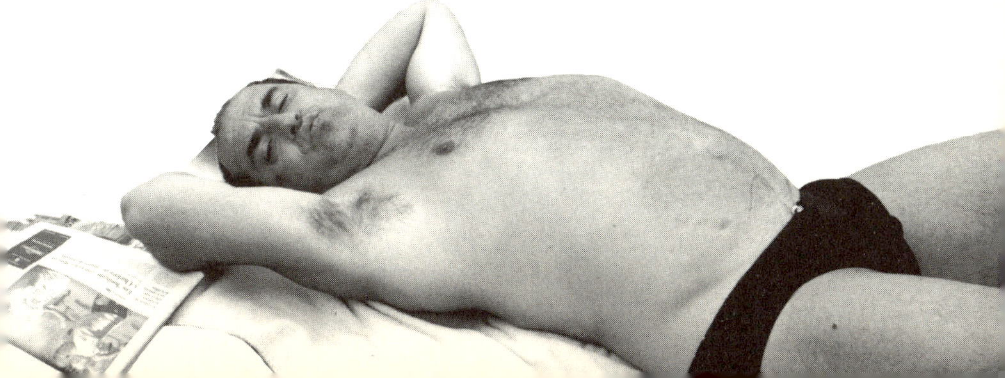

Esto del matrimonio se acabará cualquier día. Las mujeres harán huelga porque esto parece un matadero. *Crónica de una muerte anunciada.* García Márquez IV.

—No, es que mi novio es diferente.

Esto lo debe decir también alguna que ya está enterrada, la pobre. Claro, porque el primer día tampoco te dan dos hostias. Te abren la puerta del coche, una flor...

—Qué amable eres.
—Ya me irás conociendo, ya.

Mi modesta contribución al tema de la violencia es que cuando se casa una amiga le regalo un botiquín. Mejor que no lo use, pero al menos es un regalo que puede servir para algo. Si le regalas una vajilla a lo mejor la matan a platos.

NO JODAS, HOMBRE.

A mí me indigna que los políticos se metan con la inseguridad ciudadana, la violencia en las calles. Pero si en las calles no pasa nada. Si la vida te la juegas cada noche en la cama.

—HASTA MAÑANA... SI DIOS QUIERE.

En este país no descansa nadie. Somos todos insomnes. Mi mujer y yo hemos hecho un pacto y dormimos cada noche abrazados. Primero nos cacheamos. Y luego nos abrazamos. Es incómodo pero al menos sabes que al día siguiente ves la luz. No todo el mundo puede decir lo mismo.

B de bíblico

EL NACIMIENTO DE ADÁN Y EVA

Antes que nada, había la Nada. Todo comenzó en el principio. El verbo Dios, desde la Nada absoluta y sin límites, el primer día creó un pez, y era éste un pez sencillo, de diseño primitivo y sin ninguna cualidad destacable, un mero pez. Y le llamó, «mero». Vio Dios que el mero era bueno y se vanaglorió de haberlo creado. En días sucesivos fue creando Dios toda clase de maravillas para que le amasen y venerasen: una palangana, un rincón, una mirada de soslayo, varios etcéteras, un abismo y un recuerdo. Se complació en lo creado y ordenó se multiplicaran sin límites. Y el sexto día, como premio a sí mismo, decidió erigirse un monumento en barro a su imagen y semejanza. Lo contempló Dios y quedó satisfecho, pero no así la crítica.

- *El Infernal:* «¡Es una horterada!».
- *El Correo del Purgatorio:* «Sí, pero... ¡no!».

* *Nirvana Telegraph:* «¡Inexpresivo! ¡Sin alma!» .
* *Limbo Star:* «¡Aaamm!».
* *La Nube:* «Es una obra incompleta».

Apesadumbrado por la crítica, en el mismo sexto día, insufló Dios un alma a su obra maltratada, creando al hombre para que le amase y venerase. ¡¡El hombre!!

—¡Dios, oye, he quedado perfecto, vamos! ¡Ni un recosido, todo en su sitio, maestro! ¡Eres un hacha! Bueno, tú dirás, ¿qué hago? ¿Me quedo aquí, voy a otro habitáculo que tienes reservado para mí? Tú dirás. A ver, aquí hay un cartel: «Pa-ra-í-so». Voy para allá. ¡Nada más acabada! ¡Se nota que es la tuya! ¡Oye, qué bonito! Hay de todo: valles, montañas, océanos, mares, animales. Perfecto, Dios. Oye, ¡maravilla de las maravillas, vamos! ¡Oye, qué imaginación! ¡Hay que ver, hay que ver, hay que ver! Bueno, pero puede resultar un pelín aburrido, no sé si me explico... Faltan... ti-tis... ti-tis... Oye, Dios... ¡esta cara no, Dios! ¡¡No, por favor, no!! ¡¡No me des, era una broma!! ¡¡Te lo juro!! ¡Suéltame, por favor! ¡No me cojas de la costilla! ¡Anestésiame!

Y así apareció Eva.

—¡Eva!

—¡Adán!

—¡Eva, Eva, Eva, Eva...!

—¡Adán, Adán, Adán, Adán...!

Y Adán y Eva entran en contacto.

—¡Ah, Eva, me has dejado hecho polvo!

—¿Te sientes bien?

—¡Oh, me siento superior! ¡¡Eva, te deseaba, te deseaba, te deseaba!! Porque ya siendo polvo era polvo enamorado.

—¡Uy, me ha entrado un hambre!

—¡¡Sí, yo también tengo hambre, hambre, hambre!! Pero en este Paraíso no hay más que manzanas. ¡Manzanas, manzanas, manzanas, manzanas, manzanas por todos los lados!

—Están las «especiales».

—¡Oye, Eva, esas ni mentarlas! ¡Si Dios te ha dicho que eso no se toca, eso no se toca! ¡Y punto! No quiero ni que me deba ni deberle yo a él. Coge otra manzana.

—Pues tiene un color precioso. Y además el otro día Pili me dijo que estaban muy buenas...

—¿«Pili»? ¡Oye!
—¿Qué?
—Pero, ¿qué «Pili»?
—¡La serpiente, nos hemos hecho muy amigas!
—¡Pero, bueno! ¿Desde cuando una serpiente se llama «Pili»? Aquí hay gato encerrado, Eva. ¡Pss! ¡No toques eso, Eva! ¡Coge la «golden», Eva! ¡Siempre te ha gustado la «golden", Eva!
—¡No, Adán! Me gustan éstas. Además, Pili me ha dicho que llevaban premio.
—¡¡La vamos a liar, la vamos a liar!!
—¡Adán, está buenísima!
—¡De eso yo no pruebo, Eva, por favor!
—¡Venga, Adán, pruébala!
—¡Ay, que la liamos, Eva, que la liamos!
—Venga, Adán. Un pedacito, nada más.
—¡¡No, Eva!! ¡¡Prefiero una pera aunque sea limonera!!
—¡¡Pero qué te cuesta, hombre, qué te cuesta! ¡¡¡Por un pedacito de manzana, estamos haciendo el ridículo delante de todo el mundo!!!
—¡Quién es el cobarde aquí!, ¿yo? Trae la manzana para acá.

En el Paraíso Perdido, la mujer mordió el fruto del Árbol de la Ciencia diez minutos antes que el hombre, y siempre ha mantenido esos diez minutos de ventaja. ¿Digo verdad? ¿O digo mentira?

LOS DIEZ MANDAMIENTOS

Adán y Eva, después de morder la manzana, fueron expulsados del Paraíso. Y Dios, el buen Dios, se quedó solo en su soledad de «nadas». Nada y nada y más nada, la re-nada más absoluta y sublime en su entorno. Había, por haber, «nadas» de todo tipo: nadas altas, nadas bajas, nadas redondas, nadas cuadradas, nadas oblicuas, nadas estrechas, morenas, rubias, altivas, licenciadas, casadas, solteras, cuarentonas. Nadas nadando, etcétera, etcétera, etcétera. Y Dios, el buen Dios, paseando su soledad cruel entre ellas, su silencio de angustia, su dolor sin límites. Y el buen Dios cayó en lo inevitable, cayó en la botella. Empezó a empinar el codo sin freno, como sólo Dios puede hacerlo, creando así la borrachera, la única vía por donde pudo conciliar el sueño. Luego creó la resaca para mortificarse, y la aspirina para aliviarse. ¡Joder con el invento! ¡Oído la Tierra! ¡Oído, Adán y Eva! Voy a dictar diez mandamientos para joderos a vosotros y a todos los que vengan detrás, que no serán pocos.

1 **PRIMER MANDAMIENTO:** Me amaréis sobre todas las cosas. ¿Por qué? ¡Porque sí, y punto!

2 **SEGUNDO MANDAMIENTO:** No tomaréis mi nombre en vano. Si los que hablan mal de mí supieran lo que yo pienso de ellos, aún hablarían peor. Se acabaron los «me cago en», «estás como Dios», «eres la re-hostia». ¡Todo ese material, fuera!

3 4 **TERCERO Y CUARTO:** Santificarás las fiestas y honrarás a tu padre y a tu madre. A los padres hay que quererlos si son buenos y sufrirlos si son malos. No todos vais a tener la suerte de ser huérfanos.

5 **EL QUINTO:** No matarás. No matéis ni dejaros matar. Aquí el único que mata soy yo. Corto el grifo cuando se me apetece. Si os veis en una situación comprometida, pensar en las piernas. Mejor que digan que «aquí corrió» que «aquí lo mataron».

6 **EL SEXTO:** No fornicarás. Aquí no fornica ni Dios, si yo no fornico, nadie fornica.

7 **EL SÉPTIMO:** No me... no robarás. No robéis. Si se os pasa por la cabeza lo de robar, haceros banqueros, que así no se nota.

8 **OCTAVO:** No mentirás. Dos y dos son cuatro. Cuatro y dos son seis. Seis y dos son ocho, y ocho y ocho, dieciséis. Y punto.

9 **EL NOVENO:** No desearás a la mujer de tu prójimo. Ya sé que el matrimonio es como una cuenta corriente, que de tanto meter y sacar se pierde el interés.

10 **Y EL DÉCIMO:** No codiciarás. Si la codicia llama a la puerta de tu casa, ¡múdate! No seáis como esa mujer que, por gustarle tanto la salchicha, ha tenido que cargar con el cerdo todo el resto de su vida. Estos diez mandamientos se resumen en dos: Me amaréis sobre todas las cosas y

punto, y hay que amar al prójimo también, hay que amar al prójimo. Y después de amar al prójimo, contadme cómo os ha ido.

DIÁLOGO ENTRE DIOS Y SATÁN

—Lucifer, Luzbel, Satán, ¿estás ahí? ¿Estás ahí, Nada macilenta, ponzoñosa, hortera y repelente? ¡Satán, contesta! ¡Soy yo, el Ser del Superser! ¡Lo tope! ¡Lo demasiado! ¿Me oyes, despreciable y puerco Satán? ¡Contéstame, ser servil, pozo negro de la luz! ¡Soy yo, Dios!

—¿Qué quieres?, me cago en la leche, Dios! ¡Estaba ahí cocinando! ¡Estoy haciendo unos *peus de bisbe* que están para chuparse las zarpas! ¿Qué quieres, hombre?

—Eva me ha dejado. ¡Se ha ido con Adán, con esa fotocopia mía pero por supuesto recortada de células cerebrales! ¡Se ha ido con ese oportunista, con ese carroñero inmundo, con esa vulgaridad humanizada! ¡¡No entiendo nada!! ¿Sabes que me la pegaba mientras yo dormía?

—¿¿Qué te la pegaban a ti?? ¿Precisamente a ti? ¡Coño, te estás haciendo viejo, cara melón! ¡Qué fuerte, tío!

—¡Dejarme por Adán! ¡Hay que ser de lo que no hay! ¡Yo le había ofrecido lo mejor de mí, que, como bien sabes, no es poco!

—¡Hombre!

—¡La tenía como una diosa! ¡Por amor a ella *le di todo cuanto fui, lo más hermoso de mi vida*!

—¡Oye, Dios! Entre tú y yo, que hay una confianza y eso, ¿tú la tocabas?

—¡¿Qué!?

—¡Que si la tocabas, coñe!

—¡Por Dios!, digo, por mí, ¿estás loco? ¡Jojojojo! ¿Te olvidas de quién soy? ¡Es que tienes unas cosas! ¿Te imaginas a Dios pellizcando titis por la gloria! ¡Jajajajaja!

—¡Sí, ríete! ¡Ríete, ríete cara melón! ¡Claro, tú no la tocabas y la pobre iba caliente! Claro, llegó el Adán la puso contenta y se fue con él, ¿qué querías que hiciera? ¡Cara melón!

—¡Eso es una cochinada!

—¡La cochinada es una invención tuya!

—¡Mentira! ¡Tuya!

—¡Tuya, que eres un beato y un reprimido, coñe!

—¡No empecemos, no empecemos, Satán!

—Un día *me* voy a cabrear y subo, ¿eh?

—¿Qué hago, Satán? ¡No soporto esta soledad! ¡No soporto su ausencia! ¡No duermo, no vivo! ¡Tengo el Cielo sucio, lleno de cagadas de angelotes! ¡Todo me importa un comino! ¡Ya nada tiene sentido para mí! ¡Ella! ¡Ella! ¡Ella es mi obsesión!

—Oye, Dios, ¿por qué no dimites? Deja a tu hijo en el cargo. Di que tienes estrés o algo así.

—Mi hijo, mi hijo no vale para eso. Ya sabes. Muy espabilado no me ha salido. Sólo le gusta presumir. Ahora quiere ir de vacaciones a la Tierra, pero tengo miedo de que me líe algo fuerte por allí.

—¡Oye, deja que salga el chaval! ¡Leche! ¡Lo tienes siempre estudiando ahí, coñe! ¡Deja que salga con las motos, las chicas y toda la pachanga! ¡Joder, qué padre más antiguo que eres, Dios! *(breve pausa)*. Oye, lo tuyo con Eva está mal. ¡Pero mal, mal, mal, mal, mal, fatal, Dios! ¡La has perdido! No sé, usa de tu infinita paciencia, trata de olvidar. ¿Por qué no te vienes aquí? ¡Aquí hay marcha, tío! ¡Aquí lo pasamos del carajo! ¡Somos malos, pero divertidos! ¡Vente p'aquí! ¡Deja a esos cuatro meones de sacristía que tienes ahí contigo, coñe! ¡Mira, estamos preparando una verbena en la caldera mayor, que te cagas! ¡Me ha llegado un stock de condenados de Cuba para morir, nene! ¡Vente pa'cá!

—Pues mira, no te digo que no.

—¡Así me gusta, campeón! ¡Es que es la leche cuando se enrolla!

—Satán, ¿puedo decirte una cosa?

—Dime.

—Sabes... eres el único amigo que tengo.

—¡Joder, me va a perdonar, el cara huevo! ¡Venga baja para abajo, vamos! ¡Eh, nenes, que baja Dios! ¡Baja para aquí! ¡Deja el triángulo arriba, aquí no presume nadie! ¡Vente para acá! ¡Nenes, preparar la caldera para...!

CON EL EVANGELIO NOS HEMOS TOPADO

Jesús hizo diversos milagros, aunque a veces no tenía el día, ya se sabe que cuando el balón no quiere entrar, no entra ni a tiros. Uno de los milagros que realizó fue sobre la pesca, tema del que sabía y mucho.

Una noche, los discípulos habían estado pescando cantidad de horas sin comerse una rosca. Y Jesús, en plan plasta de esos que preguntan: «¿Qué?, ¿pican?», les dijo: «Si tiráis la red al otro lado, pescaréis en cantidad». Los discípulos, por no llevarle la contraria, obedecieron, y se rompían las redes de lo que llegaron a pescar.
Ahora bien, su especialidad eran las curaciones, pues poseía una fuerza en su interior que conseguía sanar a todo el mundo. Curaba los laborables y festivos, con las protestas y amenazas de las autoridades religiosas, que le acusaban de no respetar el descanso sabatino obligatorio. Pero él no hacía caso, porque le parecía que lo más importante era curar a alguien, aunque lo prohibiese la ley. Y así curaba a paralíticos, ciegos, sordomudos..., dejando sin trabajo a los traductores simultáneos de sordomudos.
Una tarde, Jesús estaba predicando en una casa donde no se podía entrar del gentío que se había reunido. Llegó un paralítico que iba en camilla loco por ver al Maestro para que le curara, y como no había manera de entrar, tuvieron que hacer un agujero en el tejado y entrarlo por el techo. Jesús se quedó impresionado; primero, de los martillazos, y luego, de la aparición del paralítico. Le curó, le perdonó los pecados y advirtió, mirando hacia el techo:

"QUE NO SE CAIGA NADIE MÁS QUE NO ESTOY PARA MÁS MILAGROS"

Todos estos milagros le hicieron muy famoso a Jesús, pero no famoso como a esos de la televisión, famosos locales. Famoso de verdad; su fama llegaba hasta Siria y le agobiaban los fans, hasta el punto que muchas veces, cuando curaba a alguien le ordenaba que no lo contara por ahí. Pero no le hacían caso...
Una mujer gritó a Jesús, en plan saeta: «¡Dichoso el vientre que te llevó y los pechos que mamaste!». Y cuál fue la respuesta: «Dichoso el que cumpla la palabra de Dios y la pone en práctica». Respuesta seca y, si se me permite, tirando a borde, pero es que no tenía muy buen rollo.
A veces la doctrina de Jesús produce confusiones, sobre todo cuando sus frases se interpretan al pie de la letra: «Dejad que los niños se acerquen a mí».

OTRA SEMANA SANTA O LA PASIÓN DE JESÚS

Estaba Jesucristo en el *güerto*, me digo *güerto*, porque estaba *güerto* de *espardas*, cuando allá en *lotanansa* se *asercaban* lo fariseo, *lo gentile, lo filibutero, lo romano y lo jodío*. Todo ello *enguiao* por el chivato de *Juda* que era un *jodío*. Iban *avansando* en perfecta *formasión militá*.

—¡Vaya marcha que *llevamo*, eh!

—¡No vea, no vea! ¿dónde *sa metío el crito* ese!

—*Disen que etá aya* bajo, en el *güerto*.

—Que es, ¿el hijo de *Dió*?

—¡A mí que coño me importa!

—¡No *corramo* tanto que *no dejamo* al cojo!

—¡Mucha charlatanería veo yo en la tropa, eh! A *ve* si voy a *empesá a meté* paquete.

—No vea cómo está el centurión hoy.

—Es que tiene *mu* mal royo con la *mujé*, están a punto del *divorsio*.

—Ya se le nota, *¿verdá?*

—¡¡*Coones* si se le nota!!

—¡¡*Arto* ya!! ¡¡Coño, *er* sordo!! ¡¡Sordo, ¿dónde va, *desgrasia*?, que *estamo* aquí la *formasión*, ¡¡que no te enteras!! ¡Sordo!

—*¡¡Otia!!*, ¡¡no *m'enterao de ná*!!

—¡*Paza, ahí* con lo *demá*, sordo! ¡Vaya *crú* que *yevamo* contigo!

—No *m'enterao de ná, de ná, de ná, de ná.*

—¡*Tas pasao*, sordo!

—¿¿Eh??

—¡*Dejá* al sordo tranquilo! A *vé*, chivato pregunta

—¿É éste el *güerto* de *Jose er Mani*?

—¡¡Sí!!

—¿Está por aquí *Jesucrito, alia er Mesia*?

—Sí, está *ya* bajo en casa la María y *er* José.

—¿*Podemo paá* a prenderle y *demá*?

—*¡¡Pasarsu!!*

—¡*Vamo, centurión* y tropa, en marcha!

—¡No te digo lo que hay!

—¡¡Yo ya estoy de la pasión hasta *lo* mismísimo *coones*!!

—¡*Ademá, vamo a quedá mu malamente en lo libro*! ¿*Verdá*?

—¡No vea! ¡¡No vea, la página que van a *haser* con *nosotro*!!

—Jerusalén —Palestina, ¿qué le pongo?
—Ponle un *dó*.
—¡Arto ya!
—A vé chivato, pregunta en esa puerta.
—¿Quién *sei*?
—No *somo sei*, que *somo* siete.
—¿Y qué *su querei*?
—Que *venimo* en busca de *Jesucrito, ália er Mesia*.
—¡¡No vive aquí, que vive do puerta *má* abajo, coño, cada año lo mismo, estoy de *vosotro* hasta lo *coones*!!
—¡*Otia*!, *vamo, vamo*, que *hemo* llaman a la puerta *der Garsía, ¡vamo*!
—¡¡A *vé* chivato, llama en esta otra puerta!!
—¿¿Quién *sei*??
—¡¡¡Que no *somo sei*, que *somo* siete, *jodei*!!!
—¿¿Y qué *su querei*??
—Que *venimo* en busca de *Jesucrito, ália er Mesia*.
—¡Yo soy!
—¡¡*Pué sá*!!
—¿¿Qué pasa??
—*¡Pué ná, que venimo a prendete! ¡A escupi'te! ¡A raguñate! ¡A flagelate, a crusifiate y a matate!*
—¿A mí? ¿Al *Mesia*? ¡¡Y una mierda *pá toos vosotro*!!
—*¡¡¡Jesú, Jesú!!!*
—¡¡*Dió* mi padre!! ¡Papa!
—Tienes que déjate *prendé*, ¿te entera? Que sino no hay semana Santa.
—¡¡¡*Vamo*, tropa, *prende'le*!!! Ir a por el, *prende'le*!!
—¡*Vamo*, prende'me! ¡No voy a *hasé ná*, venga, préndeme!
—*¡¡¡Coge'le!!! ¡¡¡¡Llevarsulu!!!!*

Se lo llevan, y *pasao* un tiempo, bastante tiempo, estaba *Jesú* en el bar *Carvario*, un bar que había al *lao* del monte del mismo nombre. Estaban allí jugando a los futbolines. Se llega un *sordao* con la *lansa*.

—¡Venga chavales, a la *crú,* que vienen los turistas!
—¡Otia, no me jodai ahora, coño! ¡¡Ahora que estamos ganando la partida!!

—VENGA, JESÚ, QUE VIENEN POR LO MENOS VEINTE AUTOCARES.

—¡Cagón la leche! ¡¡Es que estáis tan mal *organisaos*!!
—Ponte bien la corona, *Jesú,* que *parese* un mejicano.
—¡Oye, venga, *clavá* bien, eh! ¡¡Buen ladrón a tu *crú*!! ¡¡Mal ladrón a la tuya!!
—¡Nene, ponme los *clavo* de *colore*!
—¿Por qué, *Jesú*?
—¡Una *mariconá* mía, hombre!
—Venga, subirlo *pá* arriba.
—¡Clava bien, eh!
—¡Eh! ¿Ya estoy *clavao*?
—Si *Jesú,* ya estas *clavao.*
—¿Y este pie, qué?
—Ay, perdona *Jesú.*
—¡¡¡Es que si uno no está en *too*!!!
—¡Buen ladrón!
—¿Estás ahí a mi derecha?
—Sí, maestro.
—¡Mal ladrón!
—¿Qué?
—¿Estás a la izquierda?
—Sí, maestro.
—¡Pues *asercate* un poco *má,* que no vas a salí en la foto de los *chino*!
Estaba todo el pueblo de Jerusalén abajo, y de entre la masa *se sale* María, *la Magdalena* (que quede entre *nosotro,* pero la tía estaba una *jartá* de buena). Se arrodilla y desde arriba en perspectiva, se le ven los pechos, y el mal ladrón que era *mu* malo, se le *empiesa* a *levantá* la *tangente.* El *sordao,* que se lo ve, agarra un martillo y *dise*:
—¿Conque desclavándote, eh?
No *veai er* sofoco que se llevó el Cristo.
—¡Cocacola, que me traigan una cocacola!

—¡¡Qué coca-cola!!, ¡¡chupa vinagre!!

—Va, *nasareno*, haz algo, que *estamo* todo *er* pueblo de Jerusalén aquí *aburrrío*. Haznos argo, *nazareno*.

—¡Deja'me, deja'me, que hoy no estoy en la onda, yo!

—*Vamo* a pedirle *tós*. ¡¡*Vamo* a pedirle *tós*!!

—¡¡¡Un milagro, un milagro!!!

—Bueno, bueno, si é así a *petisión* popular voy a *haserlo*.

Se desclava de una mano. Intenta desclavar la otra.

—¡No puede! ¡¡No puede!!

Se pega una *otia* que se mata y se queda *corgao* de los pies. Se *resusita*. Llega a las puertas del cielo. Llama. Y le abre las puertas el arcángel san Gabriel.

—¡Oye!, ¿tú quién eres?

—Yo soy, *er* que soy.

—Macho, cómo te explicas.

—Está por aquí *Dió*, mi padre.

—Sí, está en el trono celestial, como es costumbre en él.

—¿Papa, es *verdá* que me flagelaron?

—Sí, hijo mío, sí.

—¿*É verdá* que fui con una *crú*, por todo Jerusalén adelante?

—Sí, hijo mío, sí.

—¿*É verdá* que Judas me vendió por treinta monedas de plata?

—Sí, hijo mío, sí.

—¡¡Joder papa, qué trompa, qué *pasá*, papa!!

—No te preocupe —dice *er Dió*.

Va *er Dió*, se *sarta* del trono *selestiá*, corre dos nubes y llama *ar* demonio abajo.

—*¡¡Lusi!! ¡¡Lusi!!*

—¿Qué quiere, *Dió*?

—*Manda'melo toos pá* arriba que ha *llegao* mi hijo y voy a *haser* una fiesta en el cielo.

—¡Venga, malísimos! ¡*Toos* los malos fuera de las *carderas*! ¡*Vamo*, ir saliendo! ¡Que hay una fiesta en el cielo!

—¡¡*Otia*, una fiesta en el cielo!! ¡¡¡A las vírgenes, a las vírgenes!!!

—A las *dose toos de vuerta*.

—¡Sí, a las *dose*, *dose* y cuarto!

—¡Viva *er* cielo!

—¡Eh! ¡Aquí *estamo lo malísimo* del infierno! ¡Ole! ¡Ole! ¡¡¡Que corra el champán y los *pastele*!!! ¡Ole!

—Oye, *vamo* a otro *lao*, que está Dió un poco tr*aspuesto*, ¿eh? Mirar al Dió.

—*Vamo* al limbo, que allí no se enteran de *ná*.

—Si, tira *pal* limbo. ¡*Vamo*! ¡Ole! ¡¡Ole!!

—¡Cerrar la puerta! —grita Dios.

—Magdalena, estoy *cansao* de hacerme el borracho, *pa* quedarme a solas contigo. Un día de estos tengo que hablar con Jesús. ¡Ea! ¡*Magdalena*, cosa buena! ¡¡¡Ven, *corasón*, ven, ven, ven, ven!!! ¡¡¡¡Anda, pasa que voy a hacerte *argo* divino!!!!

C de célebres

DEPORTES

Barça (Futbol Club Barcelona): El Barça es más que un club y es la fuente de nacionalismos más retrógrados. El socio del Barça no tiene suficiente con ganar: quiere ganar, jugar bien, sufrir y no sufrir, que el jugador sea simpático, que sea de la cantera... Todo, lo quiere todo. Quiere el absoluto.

LAPORTA, Joan (presidente del F. C. Barcelona):
De momento, mi juicio entre paréntesis: un hombre que ha vendido mucho humo, pero que de momento, no lo ha hecho muy bien. El arte de la autocrítica no se ha hecho para él. Sí que le hubiese votado, aunque no puede valer mucho, por que iba a los maristas, como yo.
Un poco de luz en un túnel negro que tiene la historia del Barça, con todos estos personajes siniestros que arrastra desde hace muchos años, Núñez, Gaspart...

CRUYFF, Johan (futbolista): Es un artista, como lo fue Kubala, Di Stefano, Pelé... UN FINO ESTILISTA. Cruyff dio al Barça una dimensión impresionante: creó un estilo, potenció canteras, dinamizó ambientes e hizo soñar a una afición muy castigada a lo largo de su historia. (r)

GASPART, Joan (ex presidente del F. C. Barcelona): Un tío para cagarse de miedo. Parece un vampiro, sólo le falta la capa. Duerme colgado en la grada, cabeza abajo y hay que acercarse a él con una cabeza de ajos en el bolsillo. (r)

NÚÑEZ, Josep Lluís (ex presidente del F. C. Barcelona): Un intelectual, un hombre con facilidad de palabra... Pero de palabra condensada, como la leche: *el soci, el soci, el soci...* (r)

TAMUDO, Raúl (futbolista): Delantero centro de Santa Coloma de Gramanet que juega en el Español, solo delante de cuatro, como si estuviera en el patio del colegio. Es un tío que se le ve como es: hábil, legal y con magnetismo. Magnetismo de Santa Coloma, si fuera de Rio sería un Ronaldo. (f)

RAMALLETS, Antonio (futbolista): Un mito deportivo de mi infancia al que sigo queriendo y admirando. (r)

VAN GAAL, Louis (ex entrenador del F. C. Barcelona): Una especie de brigada chusquero nacional-socialista, torpe, bruto, tosco e intelectualmente miserable. Con sólo verle la cara, me lleva a pensar en esos turistas horribles que invaden nuestro país en las épocas de calor, con sus panzas orondas, su cerveza barata, su brutalidad, su patanismo y su hambre de sol, toros y flamenco. (r)
Se podía pensar que era un tipo antipático, pero era el entrenador que mejor palmarés dio al Barça: llegó y ganó dos ligas. (f)

CULTURA

VÁZQUEZ MONTALBÁN, Manolo (escritor): Hombre de carácter desconcertante. Siempre tenías la sensación de cogerle en mal momento. Un gran hombre y uno de los intelectuales más cualificados de este país. Su pérdida es un daño irreparable en los momentos de vacío moral e ideológico que vivimos. (r)

MARSÉ, Juan (escritor): Una de las personas que más admiro en este mundo. (r)

ADRIÀ, Ferran (cocinero): Un cocinero de moda al que no paran de adular, premiar y no sé cuántas cosas más. Me parece más interesante, con todos los respetos por Adrià, lo que hace el doctor Bernat Soria por toda esa pandilla de imbéciles que componemos la humanidad. (r)

FARÁNDULA

ALTERIO, Héctor (actor): Afamado actor argentino que no tiene nada de relamido ni cursi. (r)

BANDERAS, Antonio (actor): Le conocí antes de su aventura americana y era un tío cojonudo. No lo he vuelto a ver más. (r)

BOZZO, Joan Lluís (director de escena): Un amigo de y para toda la vida, una de las personas que más quiero en esta vida. (r)

ECHANOVE, Juan (actor): Hemos estado muchos años sin hablarnos por «cosas de la vida» y, mira por dónde, nos reconciliamos en un restaurante. ¡Qué mejor sitio para reconciliarte con Juan! (r)

ESTOPA (grupo musical): Me gustan. Quizá lo digo por vanidad, porque un día me los encontré en el programa de radio que conduce Gemma Nierga y al entrar, uno de ellos me vio y exclamó: «Hostia, el Flavià». Parece ser que es fan mío. Siempre que me los encuentro hay mucha amabilidad y buen rollo. (f)

LUTHIERS (LES) (grupo teatral): Afamado grupo argentino relamido y cursi. (r)

MONCHO (cantante de boleros): El rey del bolero. Le he visto actuar un montón de veces, pero como anécdota les diré que un día estaba con él en la Barceloneta y se nos acercó uno de esos del top manta y nos dijo: «¿Quieren un disco de Moncho?». Y él ni se inmutó. (f)

RAIMON (cantautor): Persona y artista admirable en todos los sentidos. (r)

SERRAT, Joan Manel (cantautor): Creo, merecidamente, que es el artista más famoso de España y América Latina. Un poco raro (¡cómo no va a ser raro, un tipo al que todo el día están diciéndole que es cojonudo y llevándole la maleta todo dios!) y de una simpatía irónica que cuando la saca te cagas de risa. Con él mantengo una relación correcta y de veraneo. Conmigo siempre se ha comportado de puta madre. ¿Qué más puedo decir? (r)

SISA, Jaume (cantautor): Gran cantautor galáctico, gran artista y poeta. (r) Su obra me gusta, pero me interesa mucho más la persona. Un tipo extraordinario. Es el mejor novio que he tenido, aunque ahora anda algo picado conmigo porque le he dejado por Fuentes y eso no lo lleva bien. (f)

TRICICLE (EL) (grupo teatral): Admirados compañeros con los que, quizá porque nos vemos poco, siempre me he llevado de puta madre. (r)

PÉREZ, Gato (cantautor): Era muy cariñoso con una gran necesidad de relación muy fuerte, de conversar, de estar con amigos... Un tipo inquieto, por eso hacia tantas canciones, porqué era muy inquieto, tanto que no se acordaba de dormir. Sabía hacer de todo. Entendía de rutas, de cocina... El primer asado de tira que me comí en mi vida, me lo hizo él. Vivía las cosas y las relaciones muy intensamente, por eso se peleaba con todo el mundo. Tenía gran facilidad para hacer unas melodías comerciales de calidad; quizá no le acompañaba la voz ni la técnica para cantar, pero sus canciones eran preciosas. Conmigo se peleó y luego, al reconciliarnos, me regaló una canción, «Ebrios de soledad». (f)

TELEVISIVOS

BUENAFUENTE, Andreu (humorista y presentador de TV): Es un trabajador insaciable, un hombre poco dispuesto para el ocio. Cuando llegue a los 50 supongo que cambiará, pero de momento no hay quien lo pare. Allá él. ¿Si es feliz así...? Siempre te invita a un «arrocito» que no llega nunca, pero bueno, yo también tengo el tic de decir «te llamo y quedamos» y no llamo casi nunca. Cosas del carácter. (r)

FUENTES, Manel (humorista y presentador de TV): Otro gran trabajador mediático. Es vecino mío y como tal a veces me humilla pasándome por las narices su felicidad, al verle los domingos de paseo por el barrio con su mujer y su hijito en el carrito. (r)
Tiene la capacidad de seducción de los grandes (como Serrat o Rubianes), pero su gran talento aún está por descubrir. Es un crack, piensen que conseguir salir de «Crónicas Marcianas» con dignidad, no es algo que esté al alcance de cualquiera. Es un tipo al que le tengo muchísimo cariño. Me ha fichado como colaborador de su programa «Problemes domèstics» en RAC 1, que se emite de lunes a viernes entre las 12:00 y las 13:00, siendo por ello el culpable de que me tenga que privar de uno de mis bienes más preciados: levantarme a la una y media del mediodía. Me gustaría que fuera mi novio, pero tengo que conformarme con que sea mi madre. Les aseguro que me riñe cantidad. Tanto me gusta Fuentes, que es el director de mi nuevo espectáculo, *El evangelio según Flavià*. (f)

ROMERO, Constantino (presentador de TV y actor): Estuvimos juntos en Cuba haciendo una gira recitando a Lorca, Alberti y Miguel Hernández. Es un amigo al que me une la poesía. ¡Qué más se puede pedir! (r)

SARDÀ, Xavier (presentador de TV): Un amigo que triunfa en TV, ¿no? (r)
Lo conocí en su época de periodista y también de salir por la noche. Él había sido cliente de un bar que yo tuve, Baticano. Luego ya coincidí con él en mi etapa de «Crónicas Marcianas», aunque no pude tratarle mucho, no por vanidad suya, sino porque mi intervención era de diez minutos dentro de las dos horas o más que dura el programa. Yo comprendí que mi trabajo era quedar bien y no molestar. Siempre tuve buen rollo y permisibilidad de temas a tope. Nunca tuve ningún problema en ese sentido. (f)

URDACI, Alfonso (periodista): La negación del periodismo. (r)

ICONOS

PAPA DE ROMA: Ha hecho un marketing de la Iglesia que estaba indefinida y ha realizado auténticas giras como los Stones. Es un ídolo que ha reforzado la religión. (f)

ZELESTE (local musical de Barcelona): Antes de que naciera la K de okupa, ya existía la Z de Zeleste. Víctor Jou, su dueño, nos descubrió que en el Borne, además de comprar verdura, se podían tomar copas. Zeleste estaba siempre lleno de gente. Y se ligaba. Bastante. Y rápido. En medio, actuaciones. Desde los fallecidos Gato Pérez, Ovidi Montllor, La Voss del Trópico, Tete Montoliu, Machito, Camarón de la Isla, Stan Getz, Gerry Mulligan y corto ya este hit-parade de muertos, hasta el gran Sisa y la Orquesta Platería, bautizada con el nombre de la calle del Zeleste. Así como el gran Gilbert fue el alma de la Bohemia, y Johnson la del Molino (locales también fallecidos por la falta de asistencia de los que después lloran desconsoladamente su desaparición), Sisa fue el rey del Zeleste. Una noche, a finales del 77, conocí a Sisa, indispuesto en la barra, tal vez por exceso de agua del Carmen, acompañado de la gran Lola, otra figura del Borne y del Zeleste. Me acerqué sin remilgos y le comenté al cantautor galáctico que en una asamblea de sacerdotes de la diócesis de Barcelona, un presbítero había recomendado su música a sus hermanos de profesión. La noticia calmó su malestar etílico, pero le provocó una especie de *delirium tremens,* pues ignoraba las milagrosas propiedades curativas de sus canciones. Entre aquel caos de borrachos, carteristas, camellos y solucionadores de los problemas del mundo, desde las barra paseaban entre otros, Rubianes, Mariscal, Ramón de España, Vicky Peña, Carmen Elias, Mario Gas, Rosa Novell, Joan Lluís Bozzo, Robert Llimós y el eximio biólogo y frustrado torero, Jaume Josa, que colocado en la puerta al cierre del local, citaba a las chatis con un pícaro «¿Ya os vais?» de eficacia, más que notable. Hoy el recuerdo de Zeleste lo convierte en un lugar vomitivo y lamentable. El «¿Te acuerdas de lo bien que lo pasábamos en le Zeleste?» se convierte en algo tan deplorable como el recuerdo de los años de cole-

gio, las anécdotas de la mili o las carreras en la universidad con los grises en el franquismo. Hay quien, aunque respire, murió con el Zeleste. Peor para él.

TAMPOCO SE TRATA DE HACERSE EL JOVENCITO SIMULANDO QUE TE GUSTA EL SONAR... PERO ZELESTE ESTÁ MUERTO. ¡VIVA EL IMPERATOR! (f)

CÓMICOS

ESTAPÉ, Fabià (economista): Uno de los más grandes humoristas para mí. Me ha hecho reír muchísimo. Él toca ese humor único que es el político. Conoce todos los entresijos de los políticos y los sabe contar con mucha gracia. Es un catalán universal, la mayoría de ellos son traidores y del Ampurdán, como Josep Pla, Salvador Dalí, Xavier Cugat o Jaume Sisa, son gente que no tiene un currículo limpio, llevan el fallo incorporado. Y Estapé es uno de ellos. Él era la mano derecha de López Rodó y tenía el despacho encima del de Carrero Blanco. La primera vez que oí a Estapé en televisión dijo que no sabía si Carrero Blanco era almirante o aviador, porque salió volando. Y se echó a reír. Yo nunca había visto tanto descaro humorístico en televisión. (f)

GILA, Miguel: Es el humorista modelo. Nunca utilizaba un gesto de más. Era la economía de las palabras. A mí me hacía mucha ilusión cuando coincidía con él en un acto, porque al terminar, yo le veía apurado por salir corriendo de allí y le abría paso hasta conseguir dejarlo en un taxi. (f)
Maestro de maestros del monólogo y gran amigo. (r)

CHARLOT: Es el más grande. (f)

WYOMING, GRAN: Un tipo divertidísimo. Practica el humor más gracioso que conozco. Le vi actuar hace más de veinte años en un garito de Madrid y ya me volví loco con él. Siempre que viene a Barcelona voy a verle actuar. (f)

REALEZA

LETIZIA ORTIZ (doña y futura reina de España): Me trae sin cuidado, yo creía que era Leticia Sabater. (r)
Una mujer que pese a querer ser periodista, lo ha dejado todo por amor. (f)

PRINCIPE FELIPE (don y futuro rey de España): Me encanta que se case el príncipe, porque en el mundo de la soltería siempre que hay una baja, lo celebramos y lo jaleamos. (r)

D de dinero

LA DEFINICIÓN

Es más que una pasión, más que un sueño dulce, más que un amor: es el sueño de los sueños, la pasión de las pasiones, el amor de los amores. ¡Es el todo, el númen, el súmum, el vértice, el ideal, la esencia, la sustancia, el porqué de la existencia!
Mueve masas, agita multitudes, hace correr al cojo, ver al ciego, oír al sordo, adelgazar al gordo, engordar al flaco, reír al triste, amar al desalmado, desenamorar al enamorado, enamorar al desenamorado, ilusionar al desilusionado. Es el faro, la guía, la luz, el horizonte.
Él manda, es el amo, el rey, el gran señor, el líder, el ideólogo, el jefe, el punto de arranque... ¡Es la leche en barca!

LA ANÉCDOTA

En los años ochenta, un amigo millonario me regaló veinte millones de las antiguas pesetas, de una quiniela de catorce que le tocó. Un domingo, regresando de Cadaqués, íbamos los dos en el coche escuchando los resultados de la jornada en la radio. «Si me toca, el 10% para ti», me dijo mi amigo. Le tocó y cumplió su palabra. Dejé el sacerdocio y monté un bar: Baticano.

EL AMIGO

El dinero es como un buen amigo que llega generosamente a tu casa. Espectacular, brillante, resplandeciente, rumboso, fulgurante. Te llena de agasajos, mimos, atenciones y obsequios. Llena tu vida de objetos útiles e inútiles, pero ahí está contigo para satisfacerte, llenar tu existencia de sueños posibles e imposibles. Parece notársele un obsesivo interés en llenar tu vida de felicidad y placidez. Te pone al día, te viaja, te pule, te da brillo y esplendor, como la Real Academia de la Lengua..., y si te empeñas, hasta te arregla los dientes dándote una sonrisa que no te mereces. ¡El dinero es la leche!

Pasas a otro extracto: si hay dinero eres un ser respetado, comprendido, admirado, honrado, imitado, valorado e imprescindible.

Tu vida es puro gozo. Tu vida se llena de luz y de color. Tu vida es vida.

Y caes en todas las trampas: gastas y gastas y gastas y gastas. No importa, hay más que suficiente. Con dinero, tu vida es vida. Pasas a ser columna de todo lo creado. Y más y más y más...

Y sin saber cómo, un día cuando estás en pleno disfrute de tus más que sobrados bienes, un timbrazo en la puerta de tu casa, no sabes bien por qué, te hiela la sangre: LA RUINA, vestida de domingo y con su ejército de bancos, cajas, cargos a tu cuenta, impuestos, visas, hipotecas, avales, gastos superfluos, créditos, sablazos, plazos, nimiedades, compras mil. Gilipolleces, alquileres, tesoro público, inversiones, negocios prometedores... Todos frotándose las manos con avieso y sádico placer, saltan como felinos sobre ése, que tú considerabas tu amigo y que tantos momentos de dicha te ha proporcionado. El griterío devastador es ensordecedor. Como hienas sedientas de vísceras, destrozan tu felicidad material llevándose cada cual con su boca ensangrentada el trozo de tajada que les corresponde o creen corresponderle.

Luego el silencio.

Luego la nada.

Dejas de ser imprescindible, respetado y elogiado, admirado y copiado, ejemplo para jovencitos ansiosos de triunfo y de poder.

Ya no tienes brillo ni esplendor, ni sonríes con esa sonrisa que no te mereces... Pasas a ser un gilipollas en todo el amplio sentido de la palabra, una mala cabeza pagada de sí misma. Los mismos que en un momento determinado fueron tus más sentidos aduladores, ahora son los críticos más feroces y crueles.

Acudes desesperado a visitar al siniestro personaje, el más siniestro de todos, que te espera relamiéndose los labios con sonrisa diabólica: EL EMPEÑO. Acudes a él con el reloj, ese reloj que siempre aparece a última hora y que no te explicas cómo has podido salvar del despojo apocalíptico; pero ahí está, observándote con su expresión de «No me puedes hacer esto...» Pero lo haces, infravalorándolo, humillándolo a un 25% de su valor real. Lo haces por un bocadillo y algo para tabaco, ¡carajo, si lo haces...!

Otra posibilidad de salvación momentánea que teóricamente no puede fallar es la AYUDA DE UN AMIGO DE VERDAD; eso te puede evitar la HECATOMBE TOTAL. Un amigo de verdad nunca falla, pero mira tú por dónde esta vez le COGES EN MAL MOMENTO y QUE NO PUEDE, para rematar con un «LO SIENTO DE VERDAD» que te paraliza el alma. (Otros antes de soltarte todo eso te dicen que lo tienen que consultar con su mujer y que ya te dirán algo...)

Al final acabas en lo que de verdad nunca falla: la INDIGENCIA y la CARIDAD PÚBLICA: portal y cartón, botellón de vino barato y perros mansos de compañía, monjitas que se ganan el cielo a base de pobres, limosna en lata, suciedad y náusea, colas para un bocadillo y comida caliente, pero no hay prisa...

Ya no hay prisa para nada.

Los grandes problemas materiales del hombre,
le importan una soberana, rotunda y radical mierda.
A veces pienso que si alguna vez he visto un tipo feliz
en esta vida ha sido un personaje de éstos.
Por lo menos han tenido el valor de afrontar que ese ente
mezquino que nos tiene hipnotizados y esclavizados, por el cual
llegamos a las más bajas de las miserias posibles,
ya no podrá reírse nunca más de ellos.
Mira tú por dónde, al final lo que parecía una derrota
estruendosa, un hundimiento en picado, se ha convertido
en algo positivo, un logro, un jaque absurdo, una rebeldía de
vida. Y eso a lo mejor es una victoria, ¿o no?
Digo, no sé...

AHORRAR O NO, ESA ES LA CUESTIÓN

Yo no ahorro ni un duro. Bueno, ni yo ni casi nadie. Sólo 3 de cada 10 españoles ahorran...

De los 7 que no ahorran, 6 porque no pueden y 1 porque no quiere. Yo soy del último grupo...

La gente prefiere consumir que ahorrar. Dicen que ahorres a partir de 800 euros al mes... Pero si la mitad de los españoles llega a final de mes con dificultad.

Algunos llegan a final de mes adelantado como en Canarias, con la visa reventada... España va bien, los españoles no tanto...

Y, ¿para qué ahorrar?; ¿qué haces con los ahorros?

Antes los metías en el banco para que te guardaran el dinero. Daban poco interés, pero estaban en un lugar seguro... Si atracaban el banco, no te afectaba. Pero ahora hay atracos más sofisticados y según de qué atracos no responden. Te llega una multa del ayuntamiento, de tráfico, de Hacienda y se lo llevan tranquilamente. Coño, ¿para eso tienen tantos seguratas? Si se lo llevan con el ordenador..., que pongan seguratas en el ordenador.

Y si sacas pasta del cajero automático, no te equivoques de banco, porque sacas 20 euros y te cobran 3 euros de comisión. Estos no son banqueros, son usureros...

Pero, ¡si hasta te cobran los donativos que das para las ONG!

¿Cómo se llama el banquero más importante de España? Botín, no disimula ni con el apellido.

Créame, la pasta debajo de la baldosa.

Y si le roban, pues, mala suerte, más falta le hace al que le roba, que al banco...

E de entretenimientos

FÚTBOL

EL RECUERDO: Tengo interés por el mundo del deporte desde que mi padre me llevó al estadio de Les Corts. Mi padre, nacido en Argentina, de padres catalanes, jugó en el Girona de los años 30, y tocaba la pelota fabulosamente con las dos piernas. Jugaba con Domingo Balmanya. Tuve ocasión de asistir a un homenaje de jugadores veteranos. Y mi padre efectuó el saque de honor. Le llamaban «el Argentino». Se retiró joven.

DECLARACIÓN A LA CONTRA: Si de algo me siento profundamente satisfecho, es de no tener ni puñetera idea de fútbol.
Es un deporte al que se le ha dado una trascendencia social tremenda. Además, es puro fascismo. Solamente ver a los presidentes que hay, ya

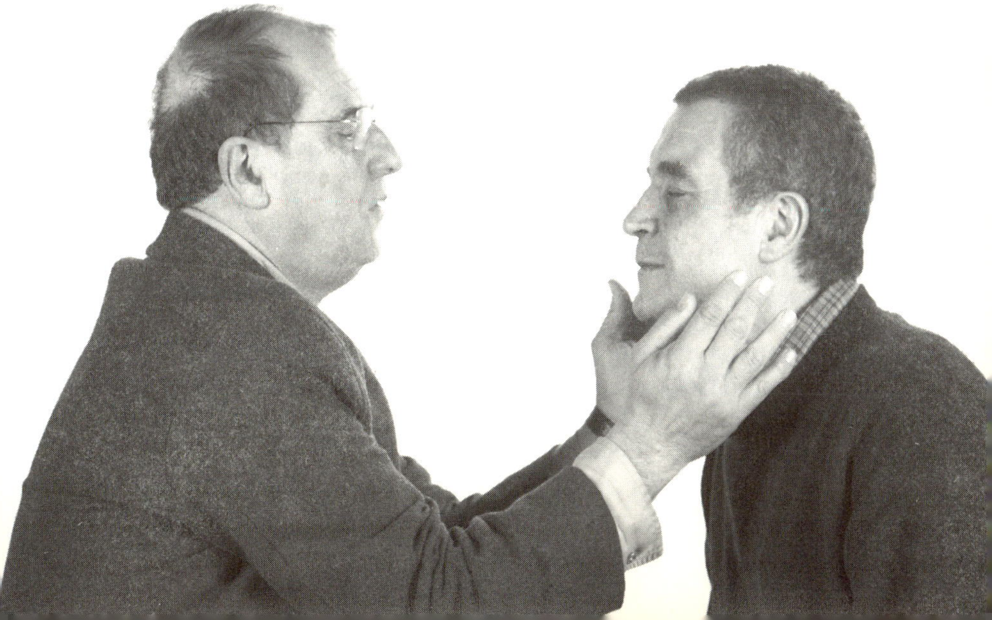

da miedo. Les pones una camisa azul y les queda perfectamente. Y encima les dan voz pública y cabeceras de periódicos. Han hecho de la agresión su bandera e ideología, incitando al enfrentamiento entre nacionalidades, incitando al insulto, a la muerte (¿han pensado en los que han muerto por culpa del fútbol?) y al horror.
Sólo un loco no se da cuenta de que está muy claro que en este mundo que vivimos, el fútbol es Dios, los futbolistas sus profetas y los estadios sus catedrales.
Yo, de momento, sigo siendo ateo. [r]

PERIODISTAS Y COMENTARISTAS: Siempre hablan y hablan sobre técnicas de ataque, defensa, resultados, el mal funcionamiento del entrenador de un equipo... Tengo la sensación de que estos sesudos señores buscan explicar lo inexplicable o, lo que es más patético, ¡darle valor de ciencia exacta a darle patadas a un balón de cuero!
Hay periodistas que emulando al gran Einstein, desarrollan auténticas filigranas matemáticas a la hora de explicar una jugada, y hablan y hablan, especulan, exponen, critican y desarrollan teorías relativas y no relativas. ¿Están bien de la cabeza esos tíos? ¿Tan trascendental es ese deporte para que sea declarado «De interés nacional»? [r]

LA CUESTIÓN: ¿Es normal que un futbolista cobre lo que cobra y un científico tenga que emigrar afuera para poder trabajar con una cubeta limpia, o que los investigadores del cáncer y el sida se quejen del poco presupuesto que tienen para poder trabajar sin agobios? [r]

LOS EQUIPOS DE CASA: Cataluña necesita varios equipos en primera. Pero esta multinacional llamada Barça ahoga. El Español tiene la desgracia del nombre. Puestos a vender historias míticas, el Español tuvo un presidente que fue a la cárcel en el franquismo: Juan Vilà Reyes. Debo reconocer que la condición de perdedor del Español, me ha hecho acercarme al club blanquiazul. [f]

TELEVISIÓN

LA DEFINICIÓN: Me sumo a la definición que hizo mi buen amigo Ferran Monegal:

Medio al que se le aplica el principio de Arquímedes, pero al revés; o sea, que toda criatura sumergida en un plató de televisión recibe un impulso hacia abajo de tal magnitud, que queda desbordada por sus instintos más bestias.

Les sugiero que observen y vean. ¡Verán a qué grado de degradación humana puede llegar uno en un plató de televisión! (r)

LA DECLARACIÓN: No responsabilizo a los que la hacen, sino a los que la ven, porque la televisión es muy fácil de apagar. Los que programan la tele sólo quieren que la gente la mire. A mí la tele basura me parece una mierda pero no me molesta, porque no engaña a nadie; me fastidian mucho más esas series y programas que van de rompedores y en realidad tienen un toque de «Verano Azul». Es más venenoso, porque éstos pasan por auténticos y suelen ser muy almibarados, como por ejemplo la serie «Cuéntame». Francamente, la transición vista a través de esos ojos, es muy poco interesante. No entiendo que ese tipo de series pasen por buenas y rompedoras. (f)

EL CAMBIO: Espero que se note un cambio en la televisión con la llegada de la izquierda al poder, aunque de momento, en Cataluña no se ha notado. La tele sigue siendo la misma. Ya sé que aún es pronto, pero estaría bien que se apostase por gente nueva o importante de este país, que se abriera a otras propuestas, porque parece que hay cierta gente que tiene exclusividad. Hay que abrirse a propuestas nuevas, sino estaremos con la misma gente que lleva un montón de años en lo mismo. Es importante que exista la inquietud de buscar un hueco, porque la obligación del gobierno es que salgan todos los colores que se respiran en el país. Menos programa de eurovisión catalana y más Ojos de Brujo, concurso de djs... En fin, abrir las miras. (f)

Aún es pronto, ya sabes que esto es como los ejércitos, que se van sustituyendo poco a poco... (r)

PLANTEAMIENTO DE FUTURO: Antes, salir en la tele tenía cierto prestigio. Ahora —salvo algunas excepciones— más que hacerte bien, te hace mal. No la veo nunca. Incluso me estoy planteando no volver a salir más en ella. Le tengo manía. (r)

TEATRO

DECLARACIÓN DE PRINCIPIOS: Es una vocación. (r)
Creo en lo que se hace a gusto. No creo en vocaciones heroicas, si no en lo que uno sabe hacer. (f)

LOS ACTORES: «Los actores son como las putas». Como las putas hemos sido, somos y seremos. Y al igual que ellas vivimos, del cliente; ese cliente que a veces, las menos, acude en masa a tus servicios, y otras, no paga ni un duro por verte.

El cliente, ya se sabe, es el cliente: busca gozo y satisfacción en corto espacio de tiempo, y si tú no se los das, por mucho que te entregues, se va con otra, que le han dicho que lo hace muy bien y que además se promociona en la tele.

Somos como las putas y, como las putas hemos sido, somos y seremos. Y ahí, en el escaparate, estamos ofreciéndonos generosas y a buen precio. Y por haberlas, «haylas» de todo tipo. Tomen nota:

- Las hay de alto standing, protegidas por el poder o por el reino. Tienen glamour, son caprichosas, despreciativas y altaneras, y si es necesario (vasallaje obliga) llegan a forzar dicción francesa. Pero el día en que el rey o el todopoderoso, se cansa de ellas, pierden privilegio y son expulsadas de palacio, quedando como gatas escaldadas, maullando histéricas en la más húmeda de las esquinas, porque una nueva concubina ocupa el real lecho.
- Las hay nuevas ricas, que tienen buenos y acaudalados clientes que les proporcionan pingües beneficios. Compran chalets, viviendas, parcelas para asegurarse un mal momento y una vejez decentita. Por eso se someten al gusto del consumidor sin miramientos ni principios. Hormigas son más que cigarras, pero como todas: putones de tres al cuarto, putones de padre y muy señor mío.

- Las hay bohemias e intelectuales, de cliente erudito, pero sin un céntimo. Mucha función benéfica y «ya me pagarás cuando puedas». Lo que vale es el momento y la causa que se vive, lo demás son elementos de pequeña burguesía.
- Las hay recién iniciadas que están locas por hacerse un cliente. Están dispuestas a lo que sea con tal de iniciarse en el evento. Siempre hay un compañero veterano que, a cambio de unos favores, le promete un futuro de dinero y éxito.
- Las hay de escuela, locas por poner en práctica todo lo que aprendieron. Miran a la que se ha hecho a sí misma con distanciamiento y desprecio, las ven horteras y aceitosas, burdas y chillonas, patosas y poco displicentes.
- Las hay despreocupadas.
- Las hay poco higiénicas.
- Las hay que van con su madre (son las peores, las madres, por supuesto).
- Las hay que se van afianzando poco a poco a base de tesón, sangre, sudor y lágrimas.
- Las hay que lo tienen claro, pero el claro no lo tiene tan claro como ellas.
- Las hay de agencia.
- Las hay vagas que podrían ser muy buenas.
- Las hay buenas que no podrán ser mejores.
- Las hay vagas que podrían ser más vagas.
- Las hay mejores que podrían ser más buenas.
- Las hay malas.
- Las hay malas de cojones.
- Las hay malísimas.
- Las hay envidiosas, zafias, traidoras, ladronas...
- Las hay que tienen un alto concepto de sí mismas.

LAS HAY POLÍTICAS Y ENTREGADAS AL BIEN COMÚN, PERO HABLAN MUCHO Y NO ESTÁN POR LA FAENA...

* Las hay viejas, las hay antiguas, las hay arcaicas, las hay prehistóricas, las hay dinosáuricas, mantecosas, plumbíferas, mamotréticas, tétricas, almidonadas, cursis, bobas, listas, golfas, complicadas, engoladas, ególatras, sufridas, memas, obcecadas, moñas, ensimismadas, primarias, catetas, cultas, alegres, tristes, mordaces, ecuánimes, puntillosas, sibilinas...

Las hay a montones y cada día más. En cuanto uno descubre en sí una cierta gracia, o un cierto palmito y perfil, se apunta. ¡Hay que sacarle rendimiento al gran regalo de la naturaleza!
¿O no?
Y ahí estamos todas en ese gran puterío que es la vida, luciendo nuestras artes y nuestras partes, a veces con cartel luminoso y neón incluido. Ahí estamos, en ese gran prostíbulo, que desde los orígenes hasta hoy —y pienso que por lo menos aún mañana—, se le dio por llamar, se llama y se llamará «Teatro».

"¡BIENVENIDOS SEÁIS TODOS, AMIGOS, BIENVENIDOS!" (r)

LA PRENSA

LA DECLARACIÓN: Siempre abro el periódico por las páginas deportivas, para que al menos sea un entretenimiento, porque si te dispones a leer el periódico, realmente es una amargura. (r)

¿PARA QUÉ SIRVE UN PERIÓDICO?: La prensa ha seguido la evolución de la sociedad.
Años atrás se veía mucha prensa atrasada en los pasillos del metro, ajustada al bocadillo que el currante llevaba para el desayuno. El papel de plata Albal y, sobre todo, el desayuno en los bares, acabó con la prensa como envoltorio del bocata.
Pero siguió en su vocación envolvente. El zapatero remendón de mi barrio la utiliza para envolver los zapatos con medias suelas nuevas.
La prensa cura de vanidades a los que en ella salen fotografiados o nombrados cuando se extiende por los suelos y es pisoteada por los

que preferimos manchar el periódico que manchar el suelo recién fregado.
Le da un tono patético al ser humano cuando la utiliza como sombrero en forma de cucurucho.
Una de sus mayores utilidades es como laxante. Defecar leyendo un periódico es signo majestuoso y muestra de inquietud cultural. Tiempo atrás, la faena se completaba usando el periódico a modo de papel higiénico, quedándote las catástrofes impresas en el culo. Hoy, el rollo de papel higiénico ha destronado a la prensa de su histórico cometido.
A pesar de ello, sigue heredera de su antiguo contacto con las heces. Hoy sirve para recoger los excrementos de los perros.
Y es que el progreso es imparable.
Algo habremos ganado.

F de familia

DECLARACIÓN DE PRINCIPIOS

No me gusta la familia. No he formado una porque no he nacido para eso. No es para mí.

Me gustan los hijos de los demás, y no todos, algunos. Me parece, además, que está saliendo una generación muy mimada y consentida. No hay que prescindir de la sociedad del bienestar, pero me dan miedo los niños estos que están saliendo. ¿Se imaginan lo que puede ser dentro de unos años un mundo llevado por una generación de mimados y consentidos, de niños mandones, tontos e imbéciles?

El padre y la madre tienen que marcar un poco de autoridad, porque si no se te suben a la parra. Si se te sube un amigo, ¿qué no hará tu hijo, que te tiene más confianza?

Supongo que el ser padre es otra historia, y otra vida, condicionada un poco por los hijos. Somos personas más libres, en este sentido no tenemos ataduras, no nos preocupan ni nuestros hijos ni nuestras hijas.

UNA REFLEXIÓN SOBRE NUESTROS PADRES

Lo más jodido de ser padre o madre es el papel que les toca hacer. Es un papel desagradable. Yo tuve mejor relación con mi padre, quizá forma parte de mi misoginia; pero a mi madre la veía más resabiada (muy catalana en este sentido), para perdonarte se tomaba su tiempo para estudiarlo, y mi padre era más voluble, quizá hoy te decía blanco y mañana negro, pero le veías que se trataba de un impulso de corazón. Yo con mi madre me entendí mucho mejor cuando ella se hizo mayor. Le encantaba que la sacases por ahí, adonde fuera, con tal de que pagases tú. (f)

Nuestras madres fueron mujeres de la guerra y de la posguerra y las pasaron muy putas. El padre asumía un poco la función del cazador. Era el que salía a buscarse la vida, tenía que arriesgar... la madre era la que estaba en casa, con los hijos. Tenía que saber manejar al hombre cuando volvía a casa. Mi padre era una autoridad, pero la que mandaba era mi madre. A mí me pasó algo cuando murió mi madre que me hizo pensar mucho en el valor de esa figura. Tuve una sensación de desamparo enorme, aquello que suelen decir que se rompe el cordón umbilical..., y yo tenía ya cincuenta tacos, pero me sumí en un desamparo terrible. Es un ser que siempre está ahí. Yo a veces, cuando voy a casa de mi padre, miro hacia donde ella solía sentarse y tengo la sensación de que voy a encontrarla allí. (r)

LA GESTACIÓN

La gestación en el seno materno nos hace vivir protegidos, amparados, resguardados en un habitáculo.

Pese al aplauso que merece el esfuerzo materno, hay que reconocer que es un método arcaico y, si se me permite, diré que inhumano. Una mujer soportando aquel peso, viendo desfigurarse su cuerpo, mareos, vómitos, dolores de parto... Todo este proceso de embarazo resulta en el siglo XXI, como mínimo, chapucero, preconstitucional. (f)

> A mí no me extraña, Dios empleó toda la eternidad para crear al hombre SOLO y tuvo que improvisar la reproducción; lo hizo con prisas, de una manera precipitada. Si lo de la costilla era bestia, imaginen la reproducción. Nada que ver con aquella simpática cigüeña, que ágil transporta a un bebé que vuela sin miedo, sonriendo, sin más aspiraciones que buscar sombra debajo de una col.

MI NACIMIENTO

Yo recuerdo que estaba en el seno de mi madre, —¡de maravilla, nene—, flotando en el líquido elemento, bien alimentado, sin trabajar, sin transporte gratuito... Acondicioné el espacio a mi manera: puse una estantería de fórmica, una mesa camilla con hule, un felpudo por si entraba alguien, un retrato de Kubala..., y un día me dicen que salga y yo digo:

"UNA MIERDA PARA VOSOTROS. VENID VOSOTROS AQUÍ, QUE HAY SITIO. Y ADEMÁS, VOY A HACER OBRA...".

Y un cabrón mete la mano para cogerme, yo le quise morder, pero como era bebé no tenía dientes y le tuve que babear, a ver si el tipo ése cogía alguna infección. Y él, vuelve a la carga otra vez y me agarra por los pelos y me saca para afuera. Y otro me cuelga para abajo y me empieza a pegar en el culo, y yo: «¡Uuuaaaeeennn, uaaaenn!», claro, no tenía vocabulario, sólo tenía el básico, pero le estaba diciendo: «¡Me cago en tu puta madre! ¡Ya verás cuando crezca..., me he quedado con tu cara!». Pero no me acuerdo de su cara, como iba tapado...

SER PADRES

Hay que reconocer que el sistema de elaboración del ser humano resulta agradable, en principio para el varón, y en ocasiones, cada vez más numerosas, para la mujer.

De todos modos, muchas mujeres evitan el proceso clásico aplicándose semen congelado La Sirena, para ahorrar tiempo y prolegómenos románticos.

Pero, en fin, lo que impera todavía es el embarazo clásico, la cópula agradable... es como si el Sumo Hacedor, ante el caudal de dificultades que genera el ser padre, diese facilidades al principio: SÉ PADRE, no cuesta nada, ES AGRADABLE, TE CORRERÁS DE GUSTO...

No es ocioso señalar que esta práctica divina, ha sido copiada por bancos, fábricas de automóviles, constructoras... El famoso:

SIN ENTRADA, no pague el primer plazo, disfrute de su piso desde el momento de la firma... Ya pagará cuando quiera.
¡¡¡Y YA LO CREO QUE PAGARÁ!!!

TODO SOBRE LA MADRE

Psicólogos *lights* afirman que el niño está cómodo y feliz en el seno materno. Mentira, el niño llega un momento en que está loco por salir de allí, ser libre, estar solo.

Pero el nacimiento no corta la relación entre el fabricante (la fabricante) y el producto...

El niño incapaz de sobrevivir de forma autónoma es carne de cuidados y atenciones...

Y la madre, disgustada por las molestias vividas en el embarazo y herida en su amor propio porque el niño ha querido escapar de su seno, inicia un proceso de venganza: te mima, te cuida, te ama, te pincha. Es tu heroína, mucho peor que la heroína. No puedes sucumbir a sus encantos. Estás enganchado. Creerás que la vida son atenciones maternas, y no sólo no te librarás de tu madre, sino que buscarás mujeres que se parezcan a tu madre.

Freud señalaba que el niño quiere matar al padre. Así nos va..., hay que matar a la madre, a esta pesadilla, a la parálisis sentimental, a la droga que nos seduce...

¡QUÉ FUENTE DE CONFLICTOS LA MADRE!

Te llaman «hijo de puta» y sin plantearte si tu madre lo es, sin preguntarte tan siquiera si «puta» es un insulto, vas y matas o mueres. ¡Cuánta sangre vertida por defender a tu madre!

Y cuántas sandeces declaradas. Todas las mujeres son unas putas, menos mi madre. Claro, la tuya es buena, es la mejor. Yo tuve la suerte de que la mía no era buena, era como yo.

La madre es la fuente de los nacionalismos más retrógrados. Es lógico. Si mi madre es buena, mi tierra también: la madre patria. Por cierto, qué cosa más machista: la madre patria, será la madre matria, ¿no? ¿Cuántos muertos por defender a la madre patria?
Y qué me dicen de la madre de Dios, será la madre del Niño, ¿no? Dios, un ser tan puro, no puede tener madre...

UNA CUESTIÓN DE PASTA

Es duro ser padre, pero sobre todo es caro. Nacer es carísimo, la cigüeña ésta se pasa... Las fotos de la clínica, voluntarias, claro, los dodotis, las papillas, guardería, canguro..., más caro que tener una querida. A los dos días ya le has cogido una manía al niño...
La gente se aburre y se casa... Y al cabo de un tiempo se aburre y a por la criatura... A ver si con el niño la cosa se hace más distraída...
Distraída, sí, porque el niño empieza a llorar y pasas unas veladas inolvidables... Fiebres, enfermedades, caídas... Y no lo puedes devolver..., ¿a quién se lo vas a devolver si eres su padre?
La única ventaja que tiene ser padre es que te salga un tenista o un cantante, pero no lo sabes hasta al cabo de 20 años... Y mientras tú a invertir..., que aprenda música, tenis, y todo esto vale una pasta... Además, muchos chavales no colaboran y aprenden a jugar a tenis con desgana, como si estudiasen matemáticas...

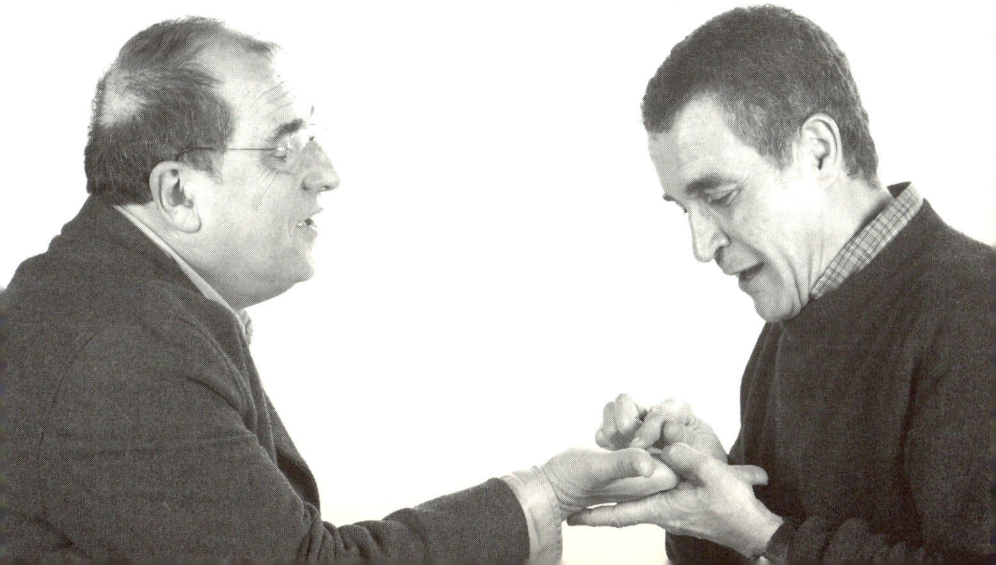

Broncas con la mujer: «El niño va cansado, horas de escuela, tenis, música... Éste nos denunciará».
Y un amigo feo me dice: «Quiero un hijo que sea un número uno en todo, que se parezca a mí».
Un hijo que se te parezca..., pero, ¿cómo puedes ser tan cabrón con tu hijo? ¡mírate al espejo, por favor, si eres un cateto!
¿Saben qué pasa? Para ser médico o ingeniero te exigen un título, estudios, pero para ser padre, nada, cualquiera sirve. Esto no es serio...

INDEPENDIZARSE DE LOS HIJOS

Ahora se quedan en casa hasta la jubilación..., pero la suya, eh... Si tienes la suerte que tu hijo te salga okupa, pero normalmente el hijo es okupa de tu propia casa, son gandules...
Y todo el rollo aquél de que está anticuado, pasado de moda, que los Beatles eran una mierda, que lo que mola son los djs y el house...
Y a aguantar la cantinela esa de:

"NO TE ENTERAS DE NADA, PAPÁ, QUE NO ME CUENTES BATALLITAS, NO ME COMAS EL COCO...".

EL TATARABUELO

Mi tatarabuelo Marià Alegret era de Barcelona. Fue uno de aquellos empresarios catalanes que emigraron a Galicia a finales del siglo pasado para la explotación de la industria pesquera. Para allá se fueron una veintena de ellos. Se instalaron en las rías altas de Galicia. Todos se hicieron multimillonarios, menos mi tatarabuelo, ¡manda huevos!, con la almeja que hay allí, ¡por favor! Todos nadando en oro y plata, menos él. Lo que sí hizo mi tatarabuelo es conocer a mi tatarabuela, una gallega guapísima, Carmiña, de ojos verdes con fondo azulado, igual que yo, rubia igual que yo, alta y esbelta igual que yo: he salido a mi tatarabuela.

Como mi tatarabuelo no encontraba solución a la situación precaria que vivía, tomó la sabia determinación de emigrar a la isla de Cuba, a ver si allí hacía algo de dinero. Efectivamente, se embarcó hacia La Habana en un velero bergantín, se instaló allí, montó un pequeño negocio, y cuando las cosas empezaron a funcionar, de repente, ¡estalla la guerra de Cuba!

Mi tatarabuelo se puso de inmediato a las órdenes del general Prim. El general Prim era el comandante jefe de las tropas españolas destacadas en Cuba. Y mi tatarabuelo, a la sombra de Prim hizo una carrera militar espectacular, creo que llegó a sargento-cabo primero, un cargo de esos de alta responsabilidad en la milicia. Era un gran estratega, tenía un ojo para la batalla que te cagas. Pero en La Habana, pasó lo que tenía que pasar: se enamoró de una tremenda mulata. Y un día que había una importante batalla en la zona de Camaguey, mi tatarabuelo no se presentó a la batalla como el que no va a la oficina. Y las tropas españolas, al faltarles el estratega que les dirigiera, echaron a correr, buenamente como pudieron, hacia La Habana. Y allí, prendieron a mi abuelo. Lo llevaron al castillo de El Morro, juicio sumarísimo, pena de muerte, paredón y ejecución. Y me quedé sin tatarabuelo. Así de sencillo.

Cuando yo fui a Cuba, lo primero que hice fue ir a visitar la tumba de mi tatarabuelo. Me fijé en el epitafio y ponía: «Ante aquel culo, ¿quién iba a pensar en batallas?». Y un poco más abajo y entre paréntesis, ponía: «Perdona Prim».

LA ABUELA

Mi abuela murió en el 52, en Barcelona, cuando hubo aquella huelga de tranvías.

Un tranvía esquirol que bajaba follado por La Rambla, perseguido por un piquete, embistió a mi abuela, que salía de comprar el pan y no vio al tranvía. Chocaron los dos, cayeron el tranvía y mi abuela, rodando Ramblas abajo, porque la abuela agarrada ahí no se soltaba. Ella era de la filosofía «coge todo lo que te den y llévalo para casa». Chocaron contra un árbol: el tranvía quedó destrozado y mi abuela, la pobre, quiso bajar y se agarró al cable. ¡Piiggg! Y allá se quedó enganchada. Un cabreo en casa..., aquel día comimos sin pan. Tenía razón mi padre: «Que traiga el pan y luego que se enganche, ¡coño!», claro, como era su suegra... La abuela quedó reducidísima, se ve que de la descarga eléctrica toda la electricidad le chupó el agua del cuerpo y la redujo. Si no la enterramos ni nada. ¡Hombre, era una pena malgastar el nicho por un pedazo de carne tan pequeña! La pusimos en papel de periódico para los gatos de la calle, con un poco de perejil picado por arriba, que aún debe estar allí, porque no ha habido un puto gato que se coma aquello.

EL ABUELO

Yo he salido a mi abuelo. Él también iba mucho a la suya. Cuando se casó se fue solo de viaje de novios. Porque ir los dos era caro, era caro... Y dijo: «Bueno, ya me sacrifico yo, ya voy yo». Y se fue a Palma de Mallorca por quince días y... se quedó dos meses. Pero tuvo el detalle de escribirle postales a mi abuela: «Hay que ver qué bonita es Palma, a ver si te animas un día...».
Mi abuelo murió en la Guerra Civil, en la batalla del Ebro: una bala que no vio venir, nenes. Y eso que él tenía un ojo..., pero se lo frotó. El único día que se frota el ojo en toda la guerra... ¡Tres años de guerra, un día que se frota el ojo y se acabó la guerra para él!

SUEGROS

* Hay padres que al saber de mi relación con sus hijas han estado a punto del infarto.
* Los hay que han buscado en el fondo del armario las viejas y justicieras pistolas y han salido en mi busca recorriendo tugurios de mala muerte con ánimo de meterme un plomazo entre ceja y ceja y dejarme más frito que un chicharrón en aceite hirviendo.
* Los hay que piensan que servidor vive en una orgía permanente rodeado de todo tipo de vicios.
* Los hay que les explican que yo tengo problemas con las drogas, el alcohol y el sexo, naturalmente.
* Los hay que se alegran porque piensan que aún me podrán negociar un duro.

- Los hay que son fans y les gusta verme como yerno para poder echarme el brazo por el hombro delante de sus amigos.
- Los hay que son fans míos hasta que se enteran del lío.
- Los hay que se cagan y recagan en la más reputísimas de las vírgenes de todos los milagros habidos y por haber.
- Los hay que no hay porque fallecieron hace tiempo.
- Los hay que callan, no dicen nada, y después se mueren.
- Los hay que las encierran como en la época medieval, amenazándolas con las más terribles torturas.
- Los hay que las llaman putas.
- Los hay a los que «el asunto» les deja totalmente indiferentes.
- Los hay que preguntan si estoy casado.
- Los hay que me aumentan sin ningún tipo de consideración la edad, llegando a preocuparme seriamente.
- Los hay que preguntan si aún estoy vivo.

G de guerra

LA DEFINICIÓN

Un intento de solucionar las diferencias violentamente. (f)

LAS ARMAS

Que los que las tienen las dejen. No son muy necesarias, ni para ser un hijo de puta ni para mandar. Y los que las tienen son los que van declarando la guerra a todo el mundo. (f/r)

LAS DECLARACIONES

No me gusta colgarme de la solapa un «No a la guerra» porque me molesta ir de hombre anuncio, aunque nadie cuestione mi posición. En

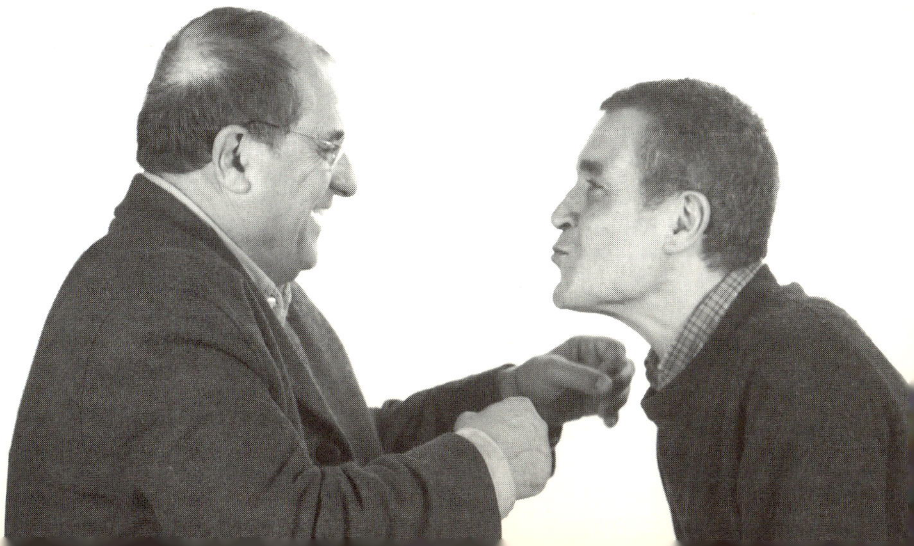

Barcelona, bajo un cielo nubloso y ante una multitud que gritaba contra la invasión de Estados Unidos en Irak, le recomendé a George Bush que volviera a la bebida o que buscase el teléfono de Monica Lewinsky.

EL MANIFIESTO

(Escrito y publicado en la revista *Turia*)

Esta guerra que se aproxima es una locura de patanes y enfermos mentales. El semianalfabeto tejano, embotada su mente chapapótica de petróleo, quiere vengar a su papá (fíjate tú), forrar a los de la industria del petróleo, que son los que le manejan (él es un pobre títere), sentirse Julio César (pero sin saber latín), para inundar al mundo de la mierda que su alma de asesino alcohólico es capaz de destilar. Este patán sinvergüenza no repara en gastos; miente, engaña sin ningún tipo de rodeo; insulta, amenaza con el dedo; humilla con su cortedad de miras y gesto brutal de hortera americano.

¿Tan bajo ha caído el mundo, coño, que permite que este tío así nos esté continuamente amenazando con cruzadas de sangre, desolación y miedo? Y además, ¡con Biblia en mano! (coño, siempre son los mismos, fíjate tú). ¿Quién jalea a este indecente? Pues nada, le jalea el terrorista Sharon, desde la indecente Israel; le jalea el «cappo» de la mafia Berlusconi; le jalea el cretino inglés, ávido de sangre y muerte; y... ¿quién falta?: el pobre oficinista de Castilla-León, el personaje gris, el garabato fascista, que ve la posibilidad de sacar la cabeza al mundo mundial a costa de la sangre, el horror y la muerte de un pueblo. El «todo vale» de este pobre diablo no tiene límites. El fascistilla quiere llegar lejos y babeante baja sus pantalones ante el cateto César, que ya tiene dispuesta la lata en el suelo, para que el héroe de Perejil coma en ella babeando como un perro fiel junto a las botas poderosas del cateto americano; y así es una forma de agradecerle los servicios prestados. ¡Qué asco y vergüenza me dan todos ellos, coño! ¡Qué mierda, señores, qué mierda! Ojalá, si se salen con la suya, lo paguemos caro, porque no habremos merecido otra cosa, coño. La historia, está claro, no perdona. Malditos sean todos ellos.

¡MIL VECES MALDITOS!

LAS CONSECUENCIAS

(Texto escrito por Pepe Rubianes a raíz de la convocatoria de la manifestación del día 12 de marzo por el atentado del 11 de marzo en Madrid).
Me niego en rotundo a participar en una manifestación organizada por el gobierno del PP. Me niego, porque me parece de un cinismo cruel y salvaje que una gente que diariamente y sin fisuras, jalea y aplaude a los criminales causantes de los más de 50.000 muertos inocentes que hasta ahora van contados en Irak, tengan la desvergüenza y el descaro de abanderar una manifestación en contra del terrorismo y por la paz.

> ¡Que esos terroristas de traje y corbata, pelito recortado y bigotín desvaído capitaneen este hecho, me parece algo que rebasa los límites de la dignidad humana!

Unos señores que hace nada se reían con desvergüenza de la manifestación del 90% de su pueblo, en todas las ciudades de España, en contra de una guerra injusta e ilegal que ha llevado la desolación, el caos y la muerte al país oriental, pues que estos señores lleven la bandera del horror cometido en Madrid por su culpa, ¡por su culpa! (Al Qaeda ha reconocido la autoría del atentado y ETA ha desmentido su participación en los hechos), es algo que sobrepasa lo moral y retrata a unos personajes fascistas, miserables sin escrúpulos, y de una crueldad verdaderamente espeluznante.
Lo que ha ocurrido en Madrid es lo que viven en cada ciudad iraquí cada día, o lo que viven los palestinos cada hora. ¿Duele, verdad? ¡Joder, si duele!
Pero a estos tíos les importa bien poco.
No hay alma.
Si Al Qaeda es la causante de la masacre (no olvidemos que estamos en guerra con ellos, formamos parte del trío de las Azores), pues, para ellos, esta terrible acción es un hecho de guerra y continuarán con su lucha contra el invasor donde quiera que éste se encuentre.
Han muerto 200 personas y hay más de 1.500 heridos en Madrid. ¡Han

muerto 50.000 en Irak! Suma y sigue... Ganan ellos por 48.800 muertos... ¡Y vaya usted a saber la de heridos! ¡Goleada!
¡Y seguirán los atentados, que no les quepa la menor duda!
Y el dolor, el terrible dolor por las pérdidas humanas, es el mismo aquí que en Irak, duele igual en las dos partes. ¡Joder, si duele!
Dicen que esta guerra es una lucha internacional contra el terror (una vez asegurado el petróleo, claro, y que ese terror no se lo quite, por supuesto). Desde la invasión de Irak hay más de 70 grupos terroristas nuevos en el país árabe.
Pues sí, excelente lucha la que libran. ¡Olé!
Señores, ¿dónde coño estaba la seguridad del Estado de nuestro país el día 10 de marzo? ¿No tenía ni puta idea de que se estaba fraguando algo muy gordo en España para el día siguiente? ¿Ni puta idea? ¡Jolines! ¡Y con una seguridad así tenemos los cojones de declarar una guerra...! ¿O quizá pensábamos que declarando una guerra estábamos fuera del campo de tiro porque los españoles, con sólo decir que somos eso, acojonamos a la gente como antes los tercios del duque de Alba?
¡O quizá la «gesta» de Perejil se nos subió a la cabeza...!
No acojonamos a nadie. Somos los «memos» del grupo de las Azores.

RESULTADO: ¡BOMBAZOS EN ATOCHA!

Y muerte de gente inocente, como en Irak.
Han muerto sin saber por qué morían, como en Irak.
Gentes del pueblo que acudían a su trabajo con sus problemas e ilusiones, como en Irak.
Gentes que, como la mayoría de nosotros, habían olvidado que de la forma más absurda y gratuita estamos en guerra.
¡En guerra! Manda huevos.
Suponiendo que haya sido ETA la causante de la masacre, hay que volver a resaltar el desastre del ministro del Interior y de nuestras fuerzas de seguridad, a las que continuamente les están dando palmaditas en la espalda y a los políticos se les llena la boca diciendo lo bien que lo hacen y lo intachable de sus actuaciones.
Pues, vaya desastre, señores. ¡Vaya chapapote policial!
No funciona nada, ni el ministro, ni el ministerio, ni las fuerzas de seguridad, ni los espías, ni los infiltrados, ni los chivatos. Nos hacen creer

que ETA andaba hecha mierda, que ya no tienen donde caerse muertos, y de repente nos meten un gol por la escuadra que ha dejado al país helado.
Así de duro y así de fuerte.
Y al ministro del Interior no se le cae la cara de vergüenza.
Supongo que en un país civilizado este ministro y los responsables de Interior se hubieran dado un tiro en la sien, o hubieran acabado sus días en un manicomio contando moscas.
Aquí nada. El ministro por ahí anda tan campante, de manifestación por la paz (cuando está en guerra con otro país que no le ha hecho nada). Ahí andaba del brazo de su jefe JOSEMARIMATAMOROS, con casi 200 muertos y 1.500 heridos, de momento.
¡Qué asco y qué vergüenza!
¡Joder!
A veces pienso si en este país somos idiotas o nos lo hacemos.
Mejor pensar que lo somos, porque de la otra forma...
Y como idiotas, tenemos el gobierno (ese mal sueño) que nos merecemos.
Después, no valen quejas.
Yo soy una mierda de cómico cuyo trabajo consiste en hacer reír a la gente. Estos días no he podido salir al escenario porque las lágrimas me lo han impedido. Los cuerpos rotos de Madrid me han paralizado el alma como un día se me paralizó al ver mi tierra gallega llena de mierda.
Entonces no pasó nada.
¿Y ahora?
¡Joder!
Después, ya lo dije, no valen quejas.

H de humor

LA CREENCIA

Tengo fe ciega en el humor.

LA DEFINICIÓN

Dicen los médicos que el humor es una terapia positiva, que reír relaja y que es buenísimo. El buen cómico es un filósofo de la vida, en cierta forma. Y el humor es una filosofía de tomarse la vida.

> **Para ser buen cómico debes aprender a reírte de ti. Los tíos más tontos en la vida son los que se toman en serio. Se creen importantes. Aprender a reírte de ti no es fácil, pero una vez que lo consigues le tomas un gusto que te cagas.**

CLASES DE HUMOR

No sé dónde empieza el humor... Es una sabiduría que hace reír. Ahora se habla mucho de humor inteligente y yo no sé exactamente a qué se refieren. Yo entiendo lo que me hace reír y lo que no me hace reír. Y hay muchas cosas que no me hacen reír. El humor cuando tiene el aire de despedida de soltero o de la mili..., la gente se ríe de muchas cosas lamentables. Todo puede tener su lado cómico:

el tío que pierde 100 euros se enoja, el tío que las encuentra se parte de risa.

EL ÚNICO MODO DE SOBREVIVIR

Te despiertan llamando a la puerta y resulta que es para entregarte una multa. Luego vas al banco, dejas un momento el coche y se lo lleva la grúa. Entras al banco y te enteras de que han requisado tu cuenta. Hay que buscar formas de resistencia para sobrevivir en este mundo y nada mejor que el humor y la risa. Aunque uno no sabe nunca si se ríe por desprecio o porque está harto de todo.

LA POLÍTICA CATALANA

Los humoristas o cómicos se meten más con el gobierno catalán actual que con el anterior, porque la izquierda nunca les meterá la caña que les podía meter la derecha. Ellos permiten que la gente se ría a su costa. Yo le hago muchas coñas a Maragall, pero creo que eso precisamente engrandece al personaje. Es la mejor foto que le púeden hacer.

A PUJOL TAMBIÉN SE LAS METÍA, PERO CON CARIÑO.

LA RISA

La risa es uno de los bienes más preciados que tiene el hombre. La risa, dicen los sabios, es la más eficiente terapia para la cura de la tan traída y llevada angustia. La risa relaja, te equilibra, saca de lo más profundo del alma y vierte en la basura el mal rollo acumulado por los múltiples y variados problemas que el hombre va acumulando en su ser por una forma de vivir cruel y zafia.

Un pueblo que ríe es un pueblo sano, abierto, cariñoso, entrañable. Y una persona dada a la risa es un regalo.
A lo largo de mi carrera teatral y como actor cómico que soy, he podido observar todo tipo de risa, llamándome la atención algunas por su peculiaridad y pasándome desapercibidas otras por no encontrar en ellas ningún tipo de interés teatral.
He aquí una clasificación de las risas que más me han llamado la atención:

RISA NORMAL: Es una risa sin ninguna característica especial: «ja-ja-ja» y punto.

RISA SINCOPADA: Le cuesta salir y, si lo hace, lo hará por entregas: «... ja-ja... ja-ja... ja-ja-ja... ja».

RISA DESPRECIATIVA: Emite un «je-je, qué gracioso», pero con expresión de desagrado en la cara.

RISA BOMBA: Explosiva, pletórica, exuberante. A veces hasta puede asustar: «¡jojojojojo!».

RISA AFÓNICA: Viene escalando por la laringe y dejándose en el esfuerzo el bofe.

RISA TOS FERINA: Igual que la anterior pero con tos al final.

RISA DE LADO A LADO: Al emitir este tipo de risa el que lo hace mira a un lado y a otro como buscando una ratificación en los que le acompañan. Pero aunque no encuentre aprobación, ríe igualmente.

RISA ECLESIÁSTICA: Es la risa que sueltan los capellanes.

RISA CRISTALINA: Al acabar de reír da la sensación como si se rompieran infinitos cristales.

RISA CREMATORIA: Suena como a fuego abrasando un campo.

RISA COMENTADA: El que ríe hace comentarios de por qué se está riendo, tipo «es que es buenísimo» o «¿lo has pillado?, genial».

RISA DE ENJAMBRE: Suena a abeja.

RISA DEPREDADORA: Es como la de una hiena en la sabana.

RISA IRRISIBLE: El que no ríe ni pa'hostias.

RISA REY: Uno que casi ríe pero le falta la «r» final.

RISA REINA: Traducción del andaluz: ¡De reír, na...!

RIADA: Algo que no tiene ni puñetera gracia.

En fin:
¡Que bienvenida sea siempre la risa, bienvenida!
¡Bienvenida con su universo de ojos achinados, mejillas alargadas,
labios al límite, dientes, lenguas, salibas y campanillas!
¡Bienvenida seas hoy, mañana y siempre,
Gran Dama del relajo, Señora del Espíritu!
Bienvenido tu descomunal abrazo,
siempre abierto y generoso,
rotundo y magnífico,
que da aureola y brillo
a esta cosa absurda que nos ha dado por llamar:

VIDA.

de ideologías

ANTIGLOBALIZACIÓN

Un movimiento que ha servido para que la gente pueda hacer manifestaciones y turismo al mismo tiempo. Ya no hace falta reunirse en la Vía Layetana o en la Puerta del Sol, ahora puedes irte a Perú o a Pisa.

SU SLOGAN PODRÍA SER: "CONOZCA EL MUNDO Y MANIFIÉSTESE".

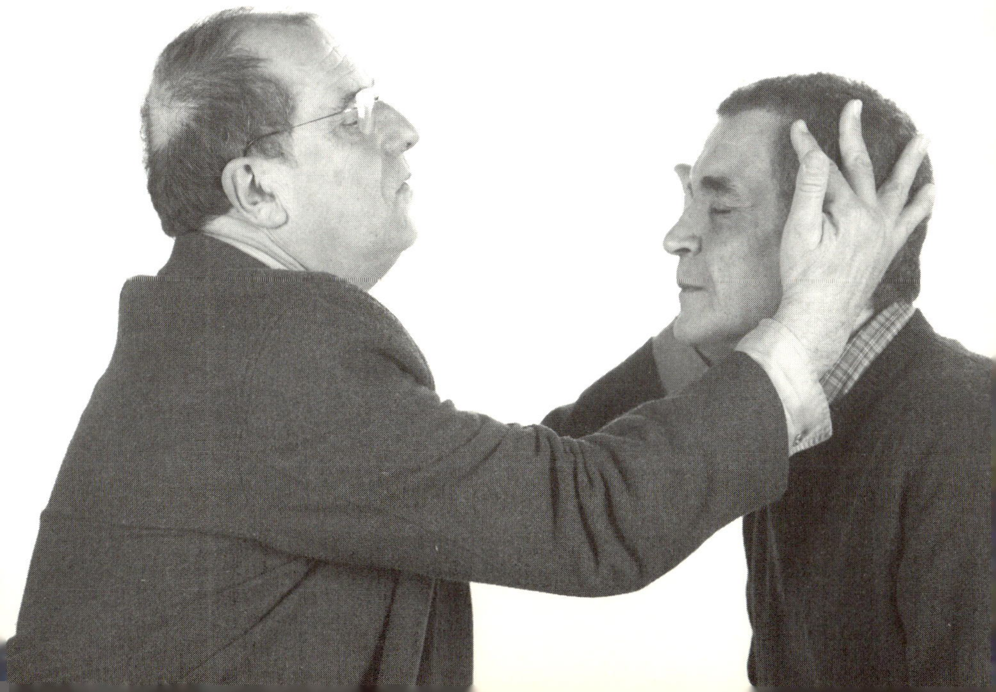

COMUNISMO

Un movimiento obrero importante que logró tocarle los cojones al capital. Con sus defectos y sus virtudes. Es innegable que la clase obrera ha subido de nivel gracias a los movimientos comunistas de sus épocas. Ha sido mal interpretado por algunos, pero todos los grandes movimientos sociales tienen sus errores. Yo creo que la teoría no es absurda, en absoluto. (r)

La intención es buenísima. (f)

DEMOCRACIA

Una mierda sólo superada por la dictadura. (f)

Yo no pienso que sea una mierda la democracia, lo que pasa es que está llevada por mierdas que no entienden la democracia porque no son demócratas. Como decía el filósofo Habermas: «Para defender la democracia hay que ser demócrata». Y el Partido Popular tiene de demócrata lo que yo tengo de bailarín ruso. Es decir, nada. (r)

DERECHA

La derecha no tiene consideración.

A LA DERECHA-DERECHA, HABRÍA QUE APLICARLE SU PROPIA JUSTICIA: PAREDÓN SIN CONSIDERACIÓN. (r)

ESTADO

Si no se pueden asegurar las pensiones, la sanidad, la seguridad..., ¿para qué coño sirve el Estado? (f)

FASCISMO

La negación del individuo, del espíritu humano, la cerrazón más oscura. Remiendo del gran capital. Ellos le llaman «el orden». (r)
Ignorancia y mala leche. (f)

MONARQUÍA

Es una ofensa a la humanidad, a la mayoría de edad, a la igualdad, a todo. (f)

...Y AL ESPÍRITU SANTO. (r)

Una verdadera ofensa. (f)

REPÚBLICA

La convivencia entre los hombres debe ser una república. Es lo mínimo que debería exigirse. (f)
Soy totalmente republicano. (r)

REVOLUCIÓN

Yo renunciaría a todo por una revolución profunda. Un cambio real y radical en la sociedad. Una revolución de verdad. Yo estaría dispuesto a intentar pasar con diez veces menos de lo que tengo si con ello pudiéramos conseguir una igualdad entre los hombres. (f)

J de jamás

NUNCA JAMÁS

Le comería la polla al señor Aznar. (f)
Pediría que me trajeran un cura en el momento de morir. (r)
¿Y una monja? (f)
Tampoco. (r)
Desearía que el hombre llegase a Marte. (r)
Cantaría cualquier tipo de himno. (f)
Gastaría dinero en el ejército... Me volvería a casar... Tendría hijos... Trabajaría en la Caixa de Estalvis... (r)
Pertenecería a una *colla de dimonis*... Me pondría un *capgrós* e iría dando saltitos por allí... Bailaría los bailes de nuestro folclore... Me inclinaría ante el monarca... (f)
Asistiría a una cena con empresarios del PP. (r)
Haría *footing* con Pepe Rubianes. (f)
Jugaría a fútbol con Flavià. (r)
Haría el amor por dinero. (f)

L de lecciones

LA IMPUNTUALIDAD

Me he pasado la vida llegando tarde. Fue mi madre quién me enseñó a llegar tarde. Nos llevaba al colegio cuando a ella le parecía bien. Ni tarde, ni temprano, cuando a ella le venía bien. Y así me ahorré todo el tema del himno nacional, la ceremonia de izar la bandera... Era algo desagradable que te evitabas.
Y así aprendí que llegar puntual a los sitios es hacer el primo. ¿Quién llega puntual a los sitios?

—Es que a mí no me gusta ni hacer esperar a los otros ni tener que esperar yo, en eso soy como los alemanes.
—Pues, vete a Alemania, hombre, no hay problema.

Te invitan a una fiesta:

—Es el sábado a las once, sobre todo no te retrases.

¿Quién hay a las once en aquella fiesta? Pues ya se lo digo yo: la tía más fea del planeta. Esa, llega a menos cuarto.
Y si van al cine a la sesión de las diez de la noche. ¿Qué verán a las diez de la noche? Un corto. Todos los cortos son siempre demasiado largos. Un chaval con inquietudes que quiere expresar su mundo interior, sus vivencias, su problemática, las heridas de la adolescencia.... Vale, chato, pero los demás no tenemos la culpa, practica con un vídeo de mentira, nene, pero no nos castigues con esos enigmas de ocho minutos, ¡tú! Que el Bergman ya está enterrado, ¿eh?
Gracias a llegar tarde, usted aprenderá la máxima verdad de la vida, algo imprescindible para ir por el mundo: LA MENTIRA.

Si entra a trabajar a una hora, preséntese tres horas más tarde, pero entre tranquilo:

—¡Hola, buenos días a todos!
—Pero, ¿cómo me llega usted a esta hora?
—Lo sé, tiene razón, pero este fin de semana ha sido movido y el domingo salí un rato con un amigo y a la una y media nos íbamos para casa, pero al salir de la discoteca nos cruzamos con dos chicas muy simpáticas y enrolladas y oiga, hasta hace media hora aún estábamos follando.

Pues, no les gusta este motivo, no. Prefieren que se les muera su padre, sí. Y entonces le abrazan:

—Vaya a casa, deje los expedientes. En esta empresa somos humanos, la persona es lo primero.

Hay gente que se hace un lío y mata a su padre tres veces por año.

—Qué fallo, Sánchez, qué desgracia que se te muera el padre cada cuatro meses...

Pero no sólo es en el trabajo, en la vida familiar también. Hemos venido a este mundo a dar explicaciones siempre de lo que hacemos. Esta labor empieza desde muy jovencito:

—Manolito, tu madre y yo llevamos horas esperándote. ¿Dónde estabas?
—Por ahí...
—¿Cómo que por ahí?
—Pues, dando una vuelta...

Y todo por no decir lo que quiere decir. Claro que al Manolo éste, a los setenta años cuando le preguntan:

—Coño, Manolo, ¿por qué llegas tan tarde?
—Porque me sale de los cojones.

Miren que le pedimos poco a la vida, ¿eh? Ni aviones, ni barcos, ni castillos... Nada. Sólo poder pronunciar esta frase.

No les engañaré. Yo nunca he podido pronunciarla. La mayoría pasamos por el tubo y a tragar. Éste es nuestro porvenir. Lleguen tarde pero, eso sí, pidan perdón siempre.

PEDIR PERDÓN

Perdón: es el gran invento de la humanidad. Mejor que la visa oro.
Si en una discoteca tira un cubata, pida perdón. No se trata de que ponga mucha cara de pena. No. Sólo pida perdón. Y el del cubata protesta:

—Hombre...
—Oye, que te he pedido perdón.

Pero, ¿qué quiere este hijo de puta por un cubata de mierda?

¿QUÉ QUIERE, QUE ME BAJE LOS PANTALONES?

Nos cuesta perdonar. Somos unos resentidos.
Y en el tema dinero...

—Perdona, pero aquel dinero que me prestaste hace cuatro meses y que te dije que a los dos días te lo devolvería segurísimo.... No te lo puedo pagar. Y que sepas que no me gusta devolver dinero. Lo paso fatal. Peor que tú. Porque tú tienes la tranquilidad, la seguridad de que cobrarás. Pero yo tengo todo el sentimiento del deudor. Por eso me ves aquí tomándome un cubata para poder soportar la depresión que tengo por no poderte pagar. Pero tranquilo, tío, eres el primero de la lista.

Incluso pidiendo perdón, puedes follarte a la mujer de tu mejor amigo. Siempre que hablemos de una amistad buena. Si es así, normalmente te gustan los mismos restaurantes, las mismas películas, la misma música... Hay algunos que se acuestan con tu mujer y te dicen:

—Perdona, yo no quería.

Esto sí que me mosquea. ¿Qué me está diciendo? ¿Que mi mujer es una ninfómana o una puta que no le cobra?
Ahora, si él viene de cara y me dice:

—Oye, Carles, siempre te he dicho que tu mujer estaba buenísima.
—Sí, y siempre te lo he agradecido.
—Pues, el otro día tuvimos un mal momento.
—Hombre, no sería tan malo.
—Y pasó lo que pasó.

Y DICHO ASÍ, TE LO PUEDES TOMAR COMO UN ELOGIO.

Fíjate tú, el Manolo, ¡con la cantidad de tías que hay en el mundo e ir a follar con la mía! ¡Qué detalle!

—Oye, Manolo, que el lunes me voy de viaje. Toma la llave, para que no tengas que ir de Tarzán y entrar por las ventanas. Para eso están los amigos.

Y si el chaval queda bien, mi mujer contenta, él contento, yo contento de que estén contentos, y aquí está todo el mundo contento.

LA NUEVA EDUCACIÓN

Hay que modernizar la escuela, no se puede estudiar con libros solamente...
Por ejemplo, para estudiar anatomía: que pongan una tía desnuda o un tío y que los alumnos puedan tocar. ¡Ya verían cómo aprenden el cuerpo humano rápidamente!
Un amigo mío, profesor, habla desde dentro de una televisión, para que los niños escuchen...
La escuela no tiene futuro.
A los niños les gusta la televisión. Pues, que la televisión sea la escuela.
Los programas de la tele son malos y también se los tragan...
Y que les pongan también películas, por ejemplo de Al Capone. Verán cómo aprenden rápido: la corrupción, la mafia, la policía, cosas de actualidad.
Y completar la educación en la calle; si donde más aprendes y mejor es en la calle, no digo la cárcel, que esto ya es para doctorarse...
Los idiomas: ligando en la playa con las guiris. Es la manera más rápida de aprenderlos.
Yo no aprendí nada en el colegio y eran 8 horas diarias...
Y, sobre todo, dejar de engañar a los niños:

"ESTUDIA PARA GANARTE LA VIDA". PARA GANARTE LA VIDA LO MEJOR ES SER FUTBOLISTA...

M de muerte

UN DESEO

No sé si llegaré a la vejez, pero suponiendo que llegue, me gustaría estar con mis amigos y pasármelo lo mejor posible. No pienso en ello, ni me preocupa mucho. Ya improvisaremos sobre la marcha. No tengo planteamientos de futuro.

> **No le temo a la muerte fulminante, que es la que me gustaría: un infarto, una cosita así, y pim, pam, fuera. No quiero morir en el escenario, prefiero los brazos de una señorita, su ternura y su calor. Sería una putada para ella, pero bueno...**

UN NEGOCIO

Aquí se le da excesiva importancia al hecho de morirse, por el peso de la tradición y de la historia. Hay países en los que es una alegría, una fiesta, en Oriente, en la India... Aquí es algo espantoso, pintado como una cosa negra, de lectura tenebrosa... Hay un montón de gente que vive de la muerte. Es un negocio que no se acaba. ¿De qué vives? Del muerto. Es un negocio seguro, no hay crisis.

UNA CUESTIÓN DE ESPACIO

A la muerte la podrán acusar de todo. De malvada, vergonzosa, humillante, inmerecida, injusta. De todo menos de que no avisa. Porque avisar, avisa. Oigan, yo antes tenía pelo, y ahora unos kilitos de más, y la vista no me alcanza, y esos dientes que bailan, y esas arrugas que de bellas no tienen nada...
Para no entrar en detalles más deprimentes, ya saben a qué partes me estoy refiriendo.
Y sin embargo, la muerte siempre nos pilla por sorpresa...

—¿Sabes quién ha muerto?
—No.
—Joaquín.
—Pero si lo vi ayer.
—Se ha muerto hoy.
—Pero si era joven...
—Sí, un chavalín, tenía 74 años.

A la gente no le gusta pensar en la muerte. Porque son egoístas y sólo piensan en la suya. Yo les recomiendo que sean altruistas: piensen en la muerte de los demás.

La cosa cambia. No se engañe, hasta parece divertida.
Tampoco se trata de celebrar la muerte de alguien odiado. Nadie es tan importante como para merecer este odio. No. Piensen simplemente en el vecino gilipollas del descapotable que se pegó la hostia a 200 km por

hora. Que le den por culo. Por listo y enterado, y además, el coche hecho una mierda. Al desguace. Por chulo. Ni lo podrán aprovechar sus hijos.

NO SIEMPRE TENDRÁ LA FORTUNA DE ALEGRARSE POR LA MUERTE DE UN CONOCIDO.

A veces deberá conformarse con la de un desconocido. También sirve. Es un sentimiento más puro. Porque en el caso del vecino del descapotable hay un motivo, un pique que te lleva al «ya no vacilará más con el cochecito». En el caso del desconocido, usted aprecia la muerte de un semejante. Si la madurez le ha llevado a cierto hastío y desprecio por la humanidad, hay un consuelo en esas desapariciones anónimas.

Si el fallecido era rico, puede y debe dibujar una sonrisa en su rostro.

Si era pobre y enfermo, siempre puede echar mano a la duda existencial: ¿qué era mejor?, ¿ingresarlo en un sanatorio o en un tanatorio? Total, una consonante de diferencia.

También se le puede morir a usted un ser querido, pero le considero mínimamente inteligente para no tener seres queridos. De acuerdo, su madre, sí. Bueno, me voy a poner condescendiente, hay gente inteligente que también quiere al padre. Sentirá dolor, pena, abatimiento... pero no se hunda, piense en la herencia. ¿Que no es mucho? Siempre da para una juerguecita.

Y se librará de ir a visitarles y aguantarles el rollo.
Puede también que, aquejado por algo tan peligroso como el amor, llore usted la pérdida de su esposo o esposa. Y que incluso además de llorar, lo sienta usted de verdad.
Lo dicho: sea positivo. Así como la costumbre elimina de modo lento —pero seguro— aquel emocionado enamoramiento, en ocasiones es al revés: una rutina gris se confunde con la felicidad. Si su esposo era un buen marido, seguro que era un muermo; y si su mujer era buena madre de familia, era obligatoriamente insoportable. Pero si era esto lo que le gustaba, no se preocupe, puede volver a casarse y recuperar su añorado tono gris.
También le acepto que sienta dolor por la muerte de un hijo.
Quizá le suene a mercantilista, pero al precio que están las cosas, subir a un hijo cuesta 25 millones de las antiguas pesetas.
¿Que ya lo tenía criado? Vale, pero seguramente aún lo tenía en casa y cada día había broncas. No se engañe, no todo el mundo tiene la suerte de tener un hijo okupa y perderlo de vista.
Si el dolor no le desciende, sea valiente. Quería un hijo de quien sentirse orgulloso, que fuese como usted, porque tiene usted un alto concepto de sí mismo. No contento con su propia existencia, pretende colocarnos una repetición de sí mismo.
Si es tan corto que no reconoce en usted a un ser lamentable, indigno de repetición, consuélese pensando que, tal vez, su hijo pudiese asesinarle. Si es realmente hijo suyo, no debería sorprenderle.
Y la gente que no se quiere morir. No hay manera. Aunque estén hechos polvo, entubados, en sillas de ruedas, alimentados por suero...
Se aferran como desesperados. Si no pueden vivir, por lo menos sobrevivir....

Pues ¿saben lo que les digo? Yo sí me quiero morir.
Si me regalasen ahora mismo un vale para vivir 2.000 años, lo rompía al momento.
¿2.000 años de qué? De atascos en la autopista, trabajando como un loco... 2.000 años cogiendo el metro, viendo la tele, el fútbol.
"¡Campeones!, ¡CAMPEONES!"

—Cariño, llevamos 20 siglos juntos. Nos conocimos con Nerón.
—No, que era Calígula.
—Perdona, no te molestes...

Si pretencioso es el deseo de pasar a la historia, ¿cómo calificar el deseo de ser inmortal, eterno?
La muerte, el descanso eterno. *Requiescat in pace.*

Bueno, si no lo quieren entender, se lo tendré que explicar de otra manera: aquí no cabemos todos, sean solidarios, anímense a dar el gran paso:

¡MUÉRANSE!

(f)

LA ETERNIDAD

Cuando el mundo se acabe, cosa que tarde o temprano sucederá, digo yo, espero estar bien frito y refrito.
¡Qué pena perder el Apocalipsis total viendo cómo todo se derrumba hasta la ceniza y cae por su propio peso con gran derroche de aparato eléctrico, ciclones enloquecidos, furias abismales y fuegos fatuos...!
El espectáculo tiene que ser soberbio, magnífico. El mejor de los espectáculos.
La putada, lo tremendo, lo jodido tiene que estar en el otro lado. Una vez hayamos pasado la raya, ahí, supongo, estará el lío. He pensado muchas veces que una vez te has ido de ti, andas flotando por lo inconcreto hasta que te adjudican un lugar en esa inmensidad, la más inmensa de las inmensidades posibles, que hay en lo etéreo. Y allí permanecerás eternamente, presupongo, esperando un no sé qué que no sé yo.
La verdad es que no lo tengo muy claro ni conozco a nadie que te pueda dar alguna pista. Además, de los que se han ido, ninguno se ha tomado la molestia de informarnos de cómo está la cosa en esas latitudes. ¿Irán

de culo buscando un lugar apropiado y no han tenido tiempo...? ¡Ni uno de ellos se ha molestado, cómo son!
Siempre he deseado una cosa cuando me toque el turno:

PODER ESCOGER LA COMPAÑÍA DEL ENTE CON EL QUE TENGO QUE COMPARTIR EL MÁS INFINITO DE LOS INFINITOS.

Éste sería mi último deseo. Porque...
Imaginen que me toque compartir la eternidad hombro con hombro con un grupo de aficionados al fútbol, por ejemplo, o con un político de derechas, o con un avispado especulador de terrenos, o con tres o cuatro individuos que se vanaglorian de haber sido gentes de bien, o con un ejecutivo de maletín y teléfono móvil, o con cuatro horrorosas rubias teñidas de las zonas bien, o con el cura de mi pueblo, o con algún arzobispo-obispo, o con el Papa, o con un grupo de skins, o con un par de pijos con su imbecilidad crónica bajo el brazo, o con unos recién casados, o con un grupo que celebra una despedida de soltero, o con un taxista ultrarreaccionario, o con Aznar y su familia (eso sería de lo peor que te podría ocurrir), o con un nuevo rico que habla alto en todas partes, o con un falangista de la Guerra Civil, o con Franco (es peor lo de Aznar y su familia), o con el director de la Caixa, o con uno que tiene un alto concepto de sí mismo, o con un pelota profesional, o con un futbolista, o con un tenista, o con Julio Iglesias (el imbécil más grande que ha dado el mundo del espectáculo), o con cualquier asiduo a las revistas del corazón, o con el hortera que desprecia todo lo que ignora, que es casi todo, o con un histérico de esos que retransmiten un partido de fútbol, o con cualquier presidente de un equipo de fútbol, o con un usurero, o con la familia de los niños que sacan en televisión cantando coplas, o con un catalán del PP, o con José María García, o con Antonio Herrero, o con un niño modelo de Convergencia, o con cualquiera de Unió, o con cualquiera de aquellos que fue de izquierdas y que ahora presume de ser de derechas (menuda patología, madre mía),

con cualquier radio predicador (no callan nunca), con los que se quedan el dinero de las campañas benéficas, con los graciosos crónicos, con los contadores de chistes, con cualquier tertuliano de televisión, con los que explican sus miserias en televisión, con los de paella, pedo, tías y fútbol, con los que van a buscar a sus hijos al colegio en coche y lían unos atascos del copón, con un moralista de pro, con el moralista que han cogido tocándole los cojoncillos a un niño, con la cateta con rulos y guatiné que sale en televisión hablando de un vecino terrorista diciendo que nunca se lo hubiera pensado porque se le veía muy buena persona, con los responsables de la prensa rosa, los de la prensa amarilla, con los que llevan peluquín, con los que se operan la nariz para estar más guapos, con los que pegan a las mujeres, con las que pegan a los hombres, con los que pegan en general, con los que lo tienen claro, con los que arrancan una conversación diciendo «yo pienso...», con las madres que manejan la vida de sus hijos como si nunca hubieran roto el cordón umbilical, con un imbécil, con una imbécil, con uno que tiene la costumbre de masticar con la boca abierta, con alguno que se le haya aparecido la Virgen, con uno que dice que Dios le guía sus pasos, con los que permiten que sus hijos le maltraten, con una familia como Dios manda, con los que en diciembre se pasan el mes diciendo «feliz navidad», con los que después de decirte «feliz navidad» pasan a decirte «feliz año nuevo», con alguien que ni te quita ni te pone, con esos que van de artistas y no sabes exactamente lo que son, pero siempre salen en la prensa, con el que pide dinero y no te lo devuelve, con un republicano americano, con los que dictan las leyes antitabaco, con los que tienen un tono monocorde al hablar, con la viuda que después de un polvo se echa a llorar y dice que se acuerda mucho de su finado, con la que te quiere tanto y tanto que consigues que llegues a odiarla, con los que son amigos de todos, con los que se quedan tu mechero, con los turistas y las fotos, con el que no concibe otra cosa que ser «un número uno», con «un número dos» que odia al «número uno», con un asesor de imagen, con un censor de televisión, con los que viven como enfermos para

morir sanos, con un culturista, con un mojigato, con un meapilas, con los que evaden impuestos y acusan de corrupción a otros, con el honrado padre de familia que al salir de trabajar se va de travestis, con un español-español, con un xenófobo, con un gorila de discoteca, con los que especulan con los inmigrantes, con los fabricantes de armamento, con un cazador...
¡Quiero dejarlo claro: reniego del trozo de eternidad que me corresponde si he de compartirla con alguno de ellos! Prefiero ser átomo no identificable, basura de lo etéreo, tiempo muerto...

¡A MÍ QUE NO ME JODAN!

O sea, que por lo que a mí respecta, menos trabajo para el Sumo Creador; si no sabe dónde ubicarme, que me mande derechito al Infierno o al Limbo, me da igual, con tal de no volver a ver a ésos...

POSTERIDAD

Me importa un bledo saber a dónde voy. Por lo menos sé que de todos los que se han ido no ha vuelto ninguno. A algún sitio mejor iré.

N de nacionalidades

NACIONALISMO: Es algo irracional, visceral. La víscera para el nacionalismo es la base. El nacionalismo es la prolongación de la familia. La tribu. La madre. Como es tu madre, intocable. (f)

CATALUÑA: Necesita un *bon cop de falç a si mateixa* (un buen golpe de azada a sí misma). (f)

ESPAÑA: Una unidad de destino universal. (r)
Le sobra la «ñ», que es una letra que hace mucho daño. (f)

EUROPA: Treinta años de ventaja. (f/r)

IRAK: Un país que tenía sus problemas, pero ahora (después de la intervención armada), está peor que nunca. (r)

ISRAEL: Se fundó por decisión occidental en el año 48 a espaldas del pueblo palestino, habitantes legales de aquella zona. Lo que en principio era una acogida humanitaria post holocausto, se convirtió en una invasión. Ha jugado y juega el papel de policía americano en Oriente Medio y dispone de los más modernos medios para la represión (proporcionados por el amigo americano, claro) del pueblo al que legalmente pertenecen aquellas tierras. No han parado desde el año 48 de robar, ultrajar y humillar a Palestina de la forma más sofisticada y cruel. Ya, últimamente, la cosa es de locura: no solamente matan a su antojo sino que les destruyen las casas y montan un muro (al que cínicamente llaman «valla», pervirtiendo el lenguaje), en cuya construcción les siguen robando los pozos de agua y zonas fértiles. También los colonos israelíes han invadido Palestina a su aire y antojo, haciendo que se mezclen perversamente las palabras «resistencia» con «terro-

rismo». Acusan a Arafat de terrorista y, ¿qué es Sharon que practica el terrorismo de Estado? ¿Qué fueron Shamir, Beguin y etc.? Si se habla de terrorismo, que se hable de todos.
Supongo que la gente buena y noble de Israel lo estará pasando muy mal.
¿Por qué el pueblo judío no reacciona globalmente ante esta injusticia y esta locura de Palestina? Una gran mayoría calla y mira silbando hacia otro lado. Tan culpable es el que mata como el que silba mirando hacia otro lado mientras el criminal procede.
Rápidamente te acusan de antisemita a la que tocas el tema. Me trae sin cuidado, pues los que piensan así son los primeros antisemitas, pues se están cargando la reputación de su propio pueblo.
Estoy con los israelíes que buscan vías de solución humana al conflicto, no con los que llevan la desolación, el escarnio, la muerte y el holocausto a otro pueblo.

BARCELONA: La ciudad me resulta más *light*, menos erótica y hasta más hortera que en los felices años sesenta. Al menos, así me lo parece el Port Olímpic, con el dominguero ansioso de diversión a base de palomitas y hamburguesa. El Maremàgnum, auténtico y alevoso atentado al paisaje, ha matado la visión de Montjuïc desde la Barceloneta, y seguramente, como el de la película, por un puñado de dólares.
La Barceloneta ha perdido protagonismo y parece hasta que se le quiera borrar el nombre por el de un descafeinado Port-Vell. ¿A qué jugamos? ¿A San Francisco? ¿Qué ciudad puede presumir del color y del sabor del barrio de l'Òstia?
L'Illa Diagonal, el Maremàgnum, los horribles bares tipo Café di Roma o de donde sea, convierten a Barcelona en una Disneylandia de cartón. Los multicines, instalados algunos en grandes áreas comerciales o de ocio, ofenden a la magia del cine de Fellini y de barrio. ¿Qué tienen que ver los multicines y sus palomitas con el fallecido cine Central y sus cacahuetes?
Parece objetivo del Ayuntamiento la pérdida de identidad barcelonesa a base de establecimientos que hallan su justificación en su internacionalidad. MacDonals, Planet Hollywood... son auténticas horteradas, dignas de figurar en las portadas de las denominadas «revistas del corazón».

Un domingo, para ambientarme, recorrí la calle de las Tàpies y, en un precioso parque que hay junto a la iglesia de Sant Pau del Camp, vi a un grupo de unos cincuenta pakistaníes ataviados con su preciosa indumentaria, que jugaban a una especie de balón bolea comunitario con sus amigos y familiares, sin consumir, pásmense ustedes, ninguna clase de bebida, y alejados de todo tipo de bar. Esta *New Barcelon*a sí me gustó.

Por favor, señores del Ayuntamiento, vendan la Barcelona de la Boquería, las Ramblas, Gaudí, la Barceloneta, el Poblenou, el Poble Sec, l'Eixample, el Paral.lel y preserven al máximo las esencias de los barrios. Señor alcalde, salvemos el erotismo de Barcelona con la Barcelona de siempre, la de los barrios que cantaba nuestro común amigo Gato Pérez.

Aleje, es un ruego, a todos los seguidores de Spielberg. Si estamos obligados a soportar cultura americana, me gustaban más los marinos americanos en la calle Escudellers.

de opiniones

POLÍTICAS

RETIRADOS CONTRA ACTUALES

—Los políticos de ahora me parecen más ejecutivos que políticos. [f]

—Parecen vendedores de planta de El Corte Inglés, peinados igual, con la puta corbatita, el trajecito..., y todo lo hacen para que les voten las cuatro pedorras de turno. [r]

—A mí hay una serie de políticos retirados que me despiertan respeto. Quizá es por una formación mítica, algo religiosa, pero... [f]

—Es que eran de *un altre caliu* (otra manera de ser). Yo le critico mucho a Pujol, pero estoy encantado de haber compartido esta época histórica. [r]

—Con Pujol, me iría de *copes*. [f]

DERECHA, IZQUIERDA, CENTRO: El rollo económico es el mismo. Todo se parece mucho. Los bancos funcionan perfectamente y les da igual si gobierna Rajoy o Zapatero. Cambian ciertas formas, cierta estética, ciertas creencias de que unos te joderán menos que otros, pero en lo económico no hay diferencias entre ideologías. Por eso, nosotros votamos el carisma de una persona, no de un partido. (f/r)

EJÉRCITO: Que no les quepa la menor duda: el ejército es una institución creada para romper, rasgar y matar. Ése es su objetivo y su fin. Lo intentan adornar con perfumes surrealistas: que si acciones humanitarias, que si ONG... ¡Pero no olviden que el fin de todo ejército es la Destrucción y la Muerte! Ahí radica la esencia de su filosofía: es el crimen legalizado, consentido y consensuado. Lo demás, son puro engaños y falacias.
De mi paso por tan nefasta institución (hice la mili en artillería, en época de Franco) recuerdo a los mandos como auténticos orangutanes humanos, cafres oropelados, cortos, ruines y necios, sátrapas que se vanagloriaban de su victoria sobre el pueblo de España (porque la única victoria de la que han gozado, fue contra su pobre pueblo, humillándolo y destrozándolo), pueblo que a su vez los alimentaba y engordaba, obligatoriamente, por supuesto. ¡Ni los perros muerden la mano de quien les da de comer! ¡Pero ellos, sí, son así...! Por desgracia, la minoría más civilizada de dicho estamento es eso, minoría.
Los tiempos han cambiado, pero la mentalidad militar sigue siendo la misma, de eso no hay duda. (r)

ETA: Un movimiento de resistencia que se creó en Euskadi y que ahora ha perdido los papeles. Hay que diferenciar entre resistencia y terrorismo, que quede claro. ETA fue resistencia en una época, después ha caído en una vorágine que ya no sabes exactamente qué coño es. A la ETA le va de puta madre el PP, y al PP le va de puta madre la ETA. (r)

> **No son ni delincuentes políticos ni delincuentes comunes. Con los delincuentes comunes se puede hablar y según qué políticos creen que con ETA no se puede hablar. No entiendo nada.** (f)

GOBIERNO DEL PP

EL FASCISMO MÁS PURO Y DURO PLANEA POR ESPAÑA: El fascismo más puro y duro planea sobre España. Estos tíos van de demócratas, pero no saben ni entienden lo que es eso. Van de demócratas porque es lo que toca, pero en lo hondo de su espíritu está el perro soez de la negra noche del alma.

Ahí los tienen encorbatados y repeinados (más que políticos parecen jefes de planta de unos grandes almacenes. Zaplana es un patético ejemplo adobado con rayos UVA): ahí los tienen tergiversando el lenguaje, confundiendo posiciones, falseando datos, enfrentando comunidades, llenando de mierda las costas, creando imperios de horteras del ladrillo, declarando guerras injustas y criminales, insultando, agrediendo, mintiendo hasta la saciedad, evitando debates porque saben que no se aguanta ni un solo postulado de los que proponen... Han tomado al pueblo por idiota, y «el idiota me va a comer en la mano». Eso es lo que piensan y creen, y como tal actúan.

Cataluña ha sufrido una agresión sin parangón como hace poco la sufrió la Comunidad de Madrid. Allí vencieron usando los medios más miserables y rastreros, pero aquí, de momento, les ha salido mal. Pero no pararán, no cejarán en su empeño, al tiempo... ¡No nos van a dejar vivir!

HAY QUE PREPARARSE.

Acusan a un partido político catalán, mucho más demócrata que todo lo que esos tipejos representan, pues acusan a este partido poco más o menos que de terrorista. ¡Ellos hablan de terrorismo!, unos señores que cada día aplauden y forman bloque sin fisuras ante el terror que se está sembrando en el pueblo iraquí y en el mundo mundial, y del que se consideran abanderados, jaleando hasta la baba al Gran Terrorista Mundial, que es ese mesiánico, palurdo, borracho y cocainómano presidente de EE. UU. de América. Ellos, que llevan el terror, la desesperación y el holocausto a Oriente; eso sí, vestidos de traje y corbata (sin capucha, son tan sinvergüenzas que no la necesitan). Ellos, que no tienen ningún recato en mentir y tergiversar los hechos por vía de ese hombre de mentalidad plana que es su ministro portavoz, más propio,

por imagen y talento, de la gerencia de un bar de alterne que de responsabilidades de gobierno.
Ellos, que envían tropas de sicarios a reprimir y aterrorizar al pueblo.
Ellos, que tiran monedas a los periodistas tomándose a cachondeo cualquier pregunta al respecto, y encima ríen ante la obscenidad criminal de las armas de destrucción masiva, que pone los huesos de punta a los cerca de 50.000 muertos que ha provocado su gracia. (Dentro de lo que cabe, Blair y Bush han sido más legales en todo este macabro episodio, por lo menos a su manera reconocen el error. Espero que algún día algún tribunal de justicia internacional, a los tres de las Azores, los juzgue como un día se juzgó y juzga a los criminales nazis y a Milosevic, que juzgue también a Sharon y a su gobierno de terroristas israelíes —esos canallas al muro lo llaman «valla», usan el lenguaje a su antojo, ya se sabe—.)
Ellos, los que ningunean al parlamento español, los que ningunean las comisiones de investigación, los que desprecian continuamente a las familias de las víctimas de los 62 soldados españoles muertos en Turquía, los que justifican el crimen cometido en el periodista José Couso y otros compañeros, los que traicionan a Europa por «treinta monedas de plata», ¡y aún no han recibido ni una! (por lo menos Judas se ahorcó con la bolsa y el tintineo de las monedas); los que vitorean la situación de Guantánamo, los que nos meten el oscurantismo religioso en las escuelas, los que se han adueñado de los medios de comunicación para vendernos sus mentiras y bajezas, los que utilizan a ETA con fines electorales («¡Avanzamos juntos!», claro, ahora lo entiendo...). Los del «todo vale», «el fin justifica los medios», los que confunden a Perejil con Lepanto y no paran de provocar a nuestros vecinos marroquíes (van de chulines militares, cuando la historia de España es una continua sarta de derrotas y descalabros)...
Como decía Goebbels: una mentira, a base de repetirla hasta la saciedad y sin escrúpulos, acaba convirtiéndose en una verdad... Éso es lo que pretenden los padres de este mal sueño.

**NOS HAN TOMADO POR IDIOTAS,
Y ASÍ ACTÚAN.**

¡Hasta cuándo vamos a aguantar tal humillación!

QUIZÁ CUANDO REACCIONEMOS SEA TARDE.

Bueno, de momento parece que se casa el Príncipe,¿no?

PRESTIGE: Formo parte de la plataforma Nunca Máis. Quien mejor supo definirme la catástrofe fue mi padre, quien ya cuenta 87 años. Me miró y me dijo: «¿Qué mala meiga se ensaña con Galicia? Primero fueron la emigración y la Iglesia; luego, Fraga; y ahora, esta marea negra».
Cuando los franquistas asesinaron a García Lorca, Miguel Hernández escribió unos versos hermosísimos que creo recordar que más o menos decían: «¡Cuando un poeta muere, la Creación se siente herida en la entraña...!».
Pregunto: ¿Cómo debe sentirse la Creación cuando una de sus más bellas costas se muere, como en el caso de García Lorca, producto de la imbecilidad, la mentira, la prepotencia, la incultura, la cretinidad, la cobardía y la cutrez mental de unos individuos que dicen regir la nave de este país?
Hay que alabar la generosidad de los voluntarios. Benditos sean. De no haber sido por ellos, el engrudo ese habría llegado hasta León. Que exista gente así da ganas de vivir.

ESTADO: Si no se pueden asegurar las pensiones, la sanidad, la seguridad..., ¿para qué coño sirve el Estado?

TERRORISMO: El terrorismo de estado es tan nefasto como el de los grupos radicales. ¿No es terrorismo lo que está haciendo Israel en Palestina? ¿No es terrorismo lo de Bush? ¿No es terrorismo lo que hace Aznar al apoyar a un terrorista?

FILOSÓFICAS

HUMANIDAD: Si juntamos a la humanidad por gremios, no se salva nadie: los taxistas, los periodistas, los futbolistas, los jueces, los políticos... Nadie se salva.

INJUSTICIA: Creo que el mundo es una injusticia absoluta. La guerra es cruel y dura pero sólo es la punta del iceberg. Soy más sensible a los que mueren de hambre o en una patera. Lo que pasa es que esta guerra (guerra de Irak) se ha saltado normas y leyes con descaro. La injusticia es tan grande que te cabreas y piensas que la salida es la revolución. Pero la gente prefiere el vídeo o el coche a la revolución. (f)

MUNDO: Lo que está pasando en el mundo me tiene traumatizado. Lo digo de verdad. Nunca pensé que el hombre pudiera llegar a estos límites de barbarie y de miseria moral y ética. Hoy en día todo vale, todo se justifica. (r)

SOCIO-ECONÓMICAS

CULTURA: Tenemos una cosa dentro que es el alma y que pide a gritos ser cultivada. Hay que estudiar para cultivarse, no para ganar dinero. Creo que hay un exceso de forma y falta fondo. Y ese fondo es la cultura. (r)

EDUCACIÓN: Nos educan para ser domesticados por el poder. Nadie diseñaría un modelo de educación que fuera en su contra. Educan para que aplaudas lo que hacen. La obligación de la juventud es quejarse. (f)

ESTADO DEL BIENESTAR: En pleno siglo XXI se puede afirmar con rotundidad que el que no es feliz, es porque es idiota del todo.
Asentada la democracia en Occidente, el estado del bienestar luce con esplendor. Automóviles, motocicletas, tampax, compresas con alas, sin alas, internet, realidad virtual, pizzas, hamburguesas, metro, autopistas, parques temáticos, multicines, palomitas, rebajas, grandes aéreas comerciales, párkings, teléfonos móviles, golf, paddle, mountainbike, congelados, incendios forestales, huelga de lluvia, huelga de inteligencia, footing, rayos UVA, Viagra, peluquín, fútbol, televisión, más canales de televisión, zapping, paellador, Inserso, mossos d'esquadra, seguratas, porteros de discoteca, discoteca, vacaciones... ¡Bienvenidos al futuro!

SOSPECHO QUE SOY IDIOTA DEL TODO. (f)

FORUM: Espero que sirva para hablar sobre qué es una ciudad y sus formas de convivencia. Hace falta diálogo entre la ciudad y sus ciudadanos. (f)

IMPUESTOS: Parece ser que los ricos pagan menos impuestos que los pobres, y no me extraña, porque ahora quien manda son las multinacionales: ya no mandan los países. Por eso es normal que estos tipos pongan las normas, porque van a la suya. El obrero está vendido por un vídeo o por un coche... Y esto es el darwinismo social y que se salve quien pueda. (f)

JUVENTUD: Me encantan los jóvenes. Donde hay gente joven, hay alegría. (r)

El que se pone a hablar del pasado y critica a los jóvenes de ahora, está muerto y no se da cuenta. Va andando, pero está muerto hace años. Mitifican el pasado. (f)

SOCIEDAD: Estamos en una sociedad enferma que necesita tratamiento psicológico. (r)

P de políticos

PERSONAJES

ÁLVAREZ CASCOS, Francisco: Un portero de discoteca. [r] El *latin lover* del franquismo. [f]

ARZALLUS, Xabier: El terror de Madrid. [f] A mí me cae de puta madre. [r]

AZNAR, José María: Tiene cara de hiena y sonrisa de conejo. Una cara que nunca sabes lo que oculta..., un hombre que provoca los instintos más bajos. Prototipo de personaje kafkiano: mediocre, amoral e intelectualmente patético. Oscuro oficinista de provincias inflado como

un globo y como tal globo va rebotando por los techos hasta que explote y se quede en lo que en verdad es, un pobre diablo. (r)
Lo peor de Aznar es que se parece físicamente a Charlot. (f)

BERLUSCONI, Silvio: La mafia en el poder, en el gobierno. (r)

> **Un hombre que ofreció un papel de nazi en una película a un socialista y fue maltratado por este ofrecimiento laboral.** (f)

BIN LADEN, Osama: Paisano de Jesús de Nazaret, pero a lo bestia. (f)
Sí, con armas y usándolas. (r)

BLAIR, Toni: Un miserable inglés. (r)
Un laborista que no sabemos cómo pudo aguantar al señor Aznar. (f)

BOTELLA, Ana: Es una mujer que para beberla hay que tener mucho estómago. (r)
Asistenta social de Madrid y asistenta sexual del presidente del gobierno. (f)

BUSH, George: Un terrorista criminal, palurdo, mesiánico y alcohólico. Sobre todo, palurdo. (r)
Un hombre que lleva mal el ser abstemio. (f)

CAROD ROVIRA, Josep-LLuís: *Catalunya triomfant* (Cataluña triunfante) o cómo meterte donde no te llaman. (f)
Un hombre que la ha liado gorda, pero que al menos la ha liado. A pesar del error, para algunos su acción no ha causado ningún muerto. Los que más ponen el grito en el cielo están matando cada día gente en Irak. (r)

CASTRO, Fidel: Gran orador y mejor fumador de puros. (f)
Uno de los personajes más importantes que ha dado la historia contemporánea. (r)

FRAGA, Manuel: Un dinosaurio que hace leyenda con la maldición gallega. (r)
Pueblo donde paran los camioneros. (f)

FRANCO, Francisco: El Bush español. (r)
El vigilante de la playa. (f)

GONZÁLEZ, Felipe: El seductor de Sevilla. (f)
Otro de los personajes importantes de la historia contemporánea. (r)

HUSSEIN, Saddam: Un tirano como hay tantos en el mundo..., al que han utilizado para justificar un crimen mayor que los que él cometía. (r)

UN HOMBRE AL QUE LE DIERON POR EL ZULO. (f)

IBARRETXE, Juan José: Dependiente de sardinas en escabeche. (f)

MARAGALL, Pasqual: Maragall es un soñador y veo puntos de genialidad en sus maragalladas. Heredó la parte poética del abuelo. Me parece un hombre creador, un soñador. (f)
Un político de altura y, como tal, imprevisible. (r)

MAS, Artur: Lo veo más como un ejecutivo, que está en política pero que podría estar en una multinacional. (f)

PUJOL, Jordi: Es un gran demócrata de derechas. Con el tiempo he descubierto que es un gran político, aunque no esté de acuerdo con su ideología. Pujol me parece la Cataluña reaccionaria y carca. Pero ha sido, es, un gran personaje. Pujol representa la derecha civilizada y culta, sobre todo si la comparamos con la española. Nunca he comulgado con su idearium pero me parece un personaje sumamente respetable. (r)
Es un catalán entrañable, pero un poco trasnochado. No se le puede discutir que está enamorado de Cataluña. Nunca la chiruca lució tanto como en sus pies. (f)

RAJOY, Mariano: Un registrador de la propiedad que al hablar parece que esté comiendo. (r)
Un enorme gallego. Ambiguo como todos los gallegos, incluso en el sexo. (f)

ROCA, Miquel: Otro político de gran nivel al que tengo la suerte de ver y saludar algunas veces. (r)

SAURA, Joan: Si yo fuera más obrero, le votaría. Es la izquierda y es importante para que Maragall no se duerma. (f)

ZAPATERO, José Luis Rodríguez: Un hombre que hace lo que puede para sacar a su partido de la vorágine. (r)
Podríamos aplicar lo de zapatero remendón. Un hombre demasiado educado para gobernar España. (f)

ZAPLANA, Eduardo: Un señor con aspecto de gerente de bar con señoritas de alterne. (r)
Zaplana tiene la tapa plana del cerebro. (f)

PARTIDOS

CONVERGÈNCIA I UNIÓ: Una imagen lamentable de Cataluña. (f)
Una conveniencia de muchos. Tan sólo pensar en el aspecto físico de los de este partido, me dan náuseas. Tienen cara de rara comunión entre la hostia consagrada, a la que son muy adictos, y la mentalidad fenicia miserable. (r)

ESQUERRA REPUBLICANA: Lo que más me interesa de Esquerra es lo de republicana. Ya es mucho que haya un partido republicano en este país. (f)
Estos días ya se ha dicho todo de Esquerra Republicana. (r)

INICIATIVA PER CATALUNYA: Son como los tíos de parroquia, pero en laico. (f)

PARTIDO POPULAR: Popular para la derecha administrada, muy popular. (f)
El partido popular tiene de popular lo que yo tengo de sardanista. (r)

PSOE: Una izquierda muy de derechas. (f)

TRIPARTITO (el): Me parece la opción más demócrata para el país. Una alternativa cojonuda. (r)
Una sola Naturaleza en tres Personas gobierna el mundo desde la eternidad. (f)

Q de quejas

A BOTE PRONTO

No soporto las preguntas. No soporto que me pregunten de dónde vengo, qué he hecho esta tarde... Cualquier tipo de pregunta que me recuerde a comisaría. Que me hagan hablar sin tener ganas, que me interrumpan y, sobre todo, no aguanto que me den consejos. Los consejos son la máxima molestia. A nadie le gusta que le den consejos, y a los que menos, a los que los dan. [f]

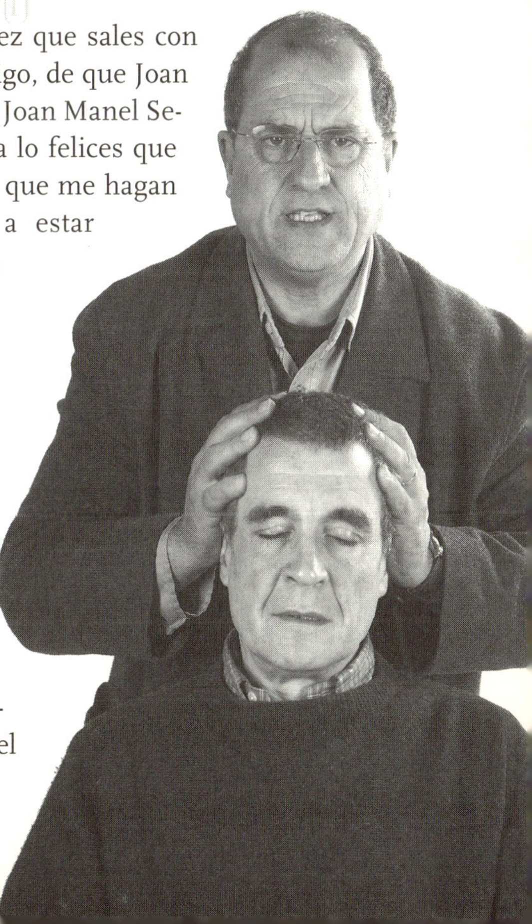

Me quejo de que a la segunda vez que sales con una chica ya se haga planes contigo, de que Joan Gràcia (miembro de El Tricicle) y Joan Manel Serrat me echen en cara todo el día lo felices que son con sus mujeres y sus hijos, que me hagan hincapié en lo solo que voy a estar cuando sea viejito en un asilo. [r]

Eso si tienes asilo... [f]

Como en el asilo me encuentre a uno de ellos... [r]

LIGA ANTITABACO

¡Coño con la campaña antitabaco! ¿A dónde quieren llegar? Joder, un día nos van a disparar desde las azoteas. Sacarás un cigarro y ¡plas!, un certero disparo te hará volar por el aire. ¡La leche que mamaron, qué obsesión han cogido! Los fumadores parecemos los causantes de todos los males de la tierra.

¡QUE FOLLEN MÁS Y QUE DEJEN DE PROHIBIR, CARAJO!

LOS COCHES Y SUS CONDUCTORES

Una de las pocas cosas de que me precio en esta vida es de

NO TENER CARNET DE CONDUCIR.

Debo de ser de los pocos en este mundo que carecen de ese documento que, por lo visto, es básico hoy en día para sobrevivir.

El coche se ha convertido en un símbolo social. Y los conductores lucen por el mundo sus cuatro ruedas en embotellamientos, caravanas, y en todo lugar donde exista un caos de tráfico. ¡Cuanto más grande sea el caos, más se lucen! ¡Y el coche al completo!: el conductor, la mujer al lado indicando, los nenes, la abuela y el perro. Ahí están luciendo su felicidad familiar en pleno embotellamiento y lío circulatorio. Como el 80% de los que circulan van igual, pues ya saben: «Dios los cría y el fin de semana los amontona».

¡Cuidado con ellos, señores!, son esa nueva fuerza social que atiende por

SÁBADOMINGUEROS:

terror de pistas y autopistas, de peatones y viandantes, pasos cebras y semáforos!

Y cada vez hay más. Arrasan con lo que pillan.

Y lo más absurdo es que a la mayoría no le hace falta el coche para una puñetera mierda. Lo tiene para joder a los demás.

No hay cultura, pero hay coche.

Y en el noventa y nueve coma nueve por cien de los casos, para más INRI, lo deben. Lo van pagando en cómodos plazos.
Deben todo lo que tienen, ¡y encima el coche!
He visto en TV, en los programas-concurso, a la gente degradarse a límites infrahumanos por conseguir el coche.
He visto accidentes mortales, muertes absurdas, agresiones, ultrajes por culpa del dichoso coche, una y otra vez, una y otra vez... ¡Y no aprenden!
Pues eso, no tener carnet hoy en día aparte de una suerte, es un orgullo. Eso me permite pasear, ir a pie, valores perdidos estúpidamente.
Pero, como todos, corro el riego de que algún día un patán con carnet, me envíe más allá de las nubes dejando sobre mi carne rota la huella de los neumáticos de ese maldito coche que, únicamente le sirve para fardar con los del trabajo, la escalera y el barrio.

LAS MOLESTIAS COTIDIANAS

Quiero quejarme de los ruidos de la calle, de los que no te dejan dormir, de los carteros que tocan a todos los timbres del portero automático, de los que me telefonean para venderme un apartamento, de los taxistas que llevan la radio a tope...
Me levanto todos los días al mediodía. Toda la vida y todo el año. Pero de día se duerme fatal. Tengan este plus de motivación en el trabajo. Si están amargados en el trabajo, piensen que están molestando a alguien. Siempre anima.
Los de la noche molestan a los del día y los del día a los de la noche. Molestaros los unos a los otros, como yo os he molestado.
Porque estás durmiendo tranquilamente y

¡¡¡MOOOOOC!!!

(PORTERO AUTOMÁTICO) CORREO COMERCIAL.

Antes me cabreaba. Ahora no, ahora tengo mono y salgo al balcón a esperarlos. ¿Qué pasa que no vienen? ¿Cómo estará el aceite en el Día, en el Caprabo, en el Conti-

nente? ¿Cuál es la oferta que más me conviene? Fíjate, aquí me rebajan un duro, aquí hay un sorteo para un viaje... Distribuyo las ofertas en mi mesa del despacho..., cosas que me interesan...
Estoy por hacerme con la dirección de un jefazo de estos e ir a su casa a las cinco de la madrugada: Me llamo Carles Flavià y estoy de oferta en el teatro X. Con la entrada, un fairy de obsequio.

¿Y qué me dicen del teléfono? El teléfono no para. Toda la mañana sonando.

RIIIIIIIINNNNNNNNGGGG

—¿Conoce los cursos de inglés Opening?
—Ni los conozco ni los quiero conocer, señorita. ¿Usted sabe que tenemos una Constitución que ampara el derecho a la intimidad?
—Perdone.
Normalmente cuelgan.
—¿Que no comprende usted, señorita, que si todo el mundo que vende o fabrica algo, tiene la amabilidad de comunicármelo por teléfono, voy a necesitar veinte telefonistas y veinte líneas de teléfono para atenderlos a todos, como ustedes se merecen?
—Perdone.
Pero otra vez el teléfono:

RIIIIIIIINNNNNNNNGGGG

—¿Dígame?
—¿El señor de la casa?
Yo pensé: «Qué apellido más raro».
—Somos de la compañía de seguros...
Y otra vez la bronca. Al final la tipa me dijo:
—Oiga, que es mi trabajo.
Esto no lo había oído nunca. Pero ¿puede existir un trabajo que consista en dar por culo a la gente? ¿Qué clase de trabajo es éste? Esto se lo han copiado de los quinquis: «Dame la pasta, que mis niños tienen que comer». A esos, de vez en cuando se los llevan para adelante, pero a los del teléfono

los van ascendiendo a base de molestar y no dejar dormir a nadie. Sólo se puede dormir el sábado, porquée el domingo...

MOOOOOOOOC, MOOOOOOOOC

—¡Testigos de Jehová!
Los que faltaban.
—¿Sabe usted por qué va mal el mundo?
Yo pensé: «¿No tiene usted una pregunta más fácil?». Pero tuve que improvisar una respuesta:
—¡Porque hay gente como usted que no deja dormir, por esto va mal el mundo!
Yo tengo una solución para tanto estrés. Por la mañana me voy al Club Natació Barcelonesa: sol, mar, aire... Y por la tarde, me refugio en el monasterio de Pedralbes, donde se halla el Museo von Thyssen. Pero al Von Thyssen no voy. Voy a la iglesia donde están encerradas una monjas de clausura. En verano se está fresquito y en invierno con unas estufitas, calentito... No me copien la idea, porque si van todos, eso parecerá un parque temático.
Es una paz interior, exterior, hay paz por todos lados... Y estás allí, tranquilo, en la casa del Señor, Domus Dei..., porque al final piensas; ni coche, ni móvil, ni apartamento, ni vacaciones, ni rebajas, ni su puta madre!
Lo más inteligente es vivir como Dios.

R de religión

LA DEFINICIÓN

«Es lo más perverso que ha creado el hombre.» (r)

CREER O NO CREER

La Iglesia ha mitificado a una persona que no pretendía ser lo que dicen que es. Él no se ha hecho Dios, le han hecho Dios sus sucesores. Estar en la Iglesia es hacerte de una secta. Estoy a favor de la eutanasia y del suicidio, aunque están condenadas por la Iglesia y por el Estado. Antes la vida era Dios, ahora es el Estado. El Evangelio es más inteligente que la Iglesia. Es una fe empírica. Las obras de misericordia son actitudes vitales. En eso sí creo absolutamente. (f)

LA ANÉCDOTA

Mi primera actuación en público fue en los años setenta, en una asamblea de curas que se hizo en el colegio La Salle de Bonanova. Tomé la palabra para replicar una ponencia. Dije que hablaba en nombre de un grupo anarco, aunque pedí que no se asustaran, que yo era el único miembro. Les dije que cultivar el espíritu no era exactamente ser cristiano. Recomendé a los curas que escucharan a Pink Floyd y a Sisa y que se pasearan más por las Ramblas. Mi intervención provocó bastante hilaridad. Pero les gustó incluso a los curas con sotana. No ofendí a nadie. Fue un intento de humanizar las cosas. Y es que de rezar, íbamos sobrados...

LA CONFESIÓN

Yo trabajé durante seis años en la Conferencia Episcopal Española, que es el nombre jurídico de la Iglesia Católica, que es su nombre comercial, que tiene su sede central en el Estado Vaticano, que se encuentra en Italia y cuyo jefe de Estado en estos momentos es polaco y como todos saben se llama Juan Pablo II.

YO TENÍA EL CARGO DE MINISTRO DEL SEÑOR.

Abandoné aquel trabajo en un rasgo de inmadurez crónica, porque abandonar una multinacional con 2.000 años de historia y con sucursales en todo el mundo, con vivienda y trabajo seguro, sólo puede hacerlo un descerebrado como yo.

Yo estaba en el departamento de actividades sociales: bodas, bautizos, expansión y marketing. Perdí la fe en mi trabajo. Porque nadie puede imaginarse lo que significa casar a la gente. Casar a la gente es un acto de inmoralidad. ¿Cómo le vas a decir a una pareja que es cojonudo, que lo mejor que pueden hacer es pasar 40 años juntos y que esto es lo más natural del mundo y que siempre ha sido así? Yo tenía la sensación de que no celebraba bodas, que las ejecutaba. Si ya se veía que a los novios los habían liado... Flores, música, todo el mundo contento, los padres y los novios con cara de colgados también están eufóricos.

Y tienes que bendecir aquel equívoco, aquella farsa. Yo hacía un discurso muy cortito. Yo les decía lo que ya sabía, que lo natural en esta vida es odiarse y matarse. Esto es lo que se ve a diario. Entonces hacían muy bien en dirigirse a Dios para que les ayudara a aguantar con dignidad, aunque fuera sólo un par de añitos. Y en aquella parroquia, líderes en marketing, facilitábamos hasta el abogado para el divorcio. La única solución para que la cosa durara y fuese hasta divertida era aceptar que aquello estaba predestinado a acabar en broncas cotidianas, para concluir en la gran pajarraco final. Consejos no les daba. A ver si se creían que yo era Elena Francis. Sólo daba uno, si los novios me lo permitían: «Por favor, procurad que no se os note que os habéis casado». Porque la gente cuando se casa no sé qué pasa, pero se les pone una cara de casados que canta de lejos.

Podrán comprender que después de vivir y repetir esto una y otra vez y el arroz y las fotos y el vídeo y su puta madre, es motivo suficiente para pedir el divorcio sacerdotal, porque les aseguro que eso no había quien lo aguantara.

Pero el drama no acababa aquí. A la gente le daba por procrear y fatalmente llegaban los bautizos. En esto hay que reconocer la capacidad de la Iglesia como empresa. Agarrar al cliente desde que nace hasta que muere, ofreciéndole distintas prestaciones. El mérito es de san Agustín. Un auténtico crack. Los bautizos suponían para mí un espectáculo dantesco sólo superado por las primeras comuniones. Aquellos gritos, chillidos, lloros de niños... No lo sabía llevar bien y se me notaba en la cara que no aguantaba todo aquel festival, que llegaba a su etapa sublime con las primeras comuniones.

Éstas eran concentraciones de niños vestidos de almirantes y niñas vestidas de novias, que se celebraban en la iglesia, convertida aquel día en un polideportivo, donde los niños juegan a fútbol, en medio de un atro-

nador griterío que no se calmaba ni con las amenazas del celebrante de abandonar el altar.
En estas actividades yo debía bendecir y aplaudir lo bien que iba todo. El psiquiatra me preguntó por las confesiones: ¿No eran más distraídas? La verdad es que pillé una etapa en que la gente ya no se confesaba, y los pocos que lo hacían era de cosas sin importancia: «Que si he criticado al vecino, que si me he discutido con...». A veces hasta yo me cabreaba: ¿Qué pasa, que aquí no hay ningún pecador de nivel? ¡Exijo pecados, no mariconadas!
Lo único que encuentro a faltar son los entierros. Allí sí que daba gusto. Los entierros eran los momentos más felices de mi ministerio, porque precisamente mi cara de mala leche era la más idónea para el evento. Parecía que sentía el dolor de las familias afligidas y del difunto. Entonces era perfecto, porque no tenías que imponerte al público, estaban todos callados. Había un silencio, nunca mejor dicho, sepulcral, y yo abusaba del público a gusto. No saben el placer que supone tener a 200 tíos acojonados porque se les ha muerto un pariente. Allí me ponía las botas y les hacía meditar no sobre la tristeza de la muerte, sino sobre la vulgaridad de sus vidas miserables.
Yo intenté que me destinaran sólo a entierros, especializarme en muertos, pero no pudo ser porque alegaron escasez de cadáveres. A mí el entierro me aumentaba la fe. La muerte me acercaba a Dios. El amor, los bautizos y los niños, me alejaban definitivamente de mi ministerio.

EL PERDÓN ECLESIÁSTICO

Ahora ha salido al mercado un perdón nuevo. El perdón institucional... La Iglesia Católica ha sido siempre una gran usuaria y consumidora del perdón. Prácticamente ha tenido la exclusiva.
Esta gente cuando pide perdón no está para tonterías. Tiran 500 años para atrás. Qué digo 500, pide perdón por los 2.000 años de existencia de la Iglesia. No había nacido el niño Jesús y ya estaban pidiendo perdón. Esto sí que tiene mérito. Perdón por los romanos, los visigodos... Pide perdón por la Inquisición y por las fallas, aquellas tan guapas que hacíamos... porque las de Valencia son bonitas, pero, claro, son *playback*.
Siempre hay alguno que dice: «Pide perdón por Galileo...». El Galileo éste, ¿qué quería?, un «enterao». Estaba todo el mundo tan contento.

«Mira qué bien, el Sol da vueltas alrededor de la Tierra, siempre tendremos luz y calor, somos los mejores, hay que reconocer que hay cosas de este mundo que las han hecho bien...» Y salta el Galileo: «No, no, estáis equivocados, que esto va al revés. Lo he visto yo desde mi casa». ¿Y a él qué más le daba? Si se hubiera callado aún estaría vivo. Pero lo tuvieron que matar. ¿Por qué? Por estudiar. A la Iglesia la critican porque dicen que no pide perdón del día, todo es poder congelado. Es que para pedir perdón hay que estar muy seguro. Lo que no pueden es decir el lunes: «Señores, vamos a pedir perdón», y el miércoles: «Disculpen, que íbamos a gusto y nos equivocamos...». No, cuando ellos piden perdón, aquello va a misa, nunca mejor dicho.

Han pasado 60 años de la Guerra Civil y no saben si aplaudir o pedir perdón. Ya nos dirán algo en 600 años. No pasa nada, si el mundo tiene millones de años. No se puede pedir perdón con un calzador. Al Papa también le tiraron de las orejas en Israel porque la Iglesia no condenó el genocidio nazi.

Bueno, oiga, ¿y uno porque sea Papa tiene que estar al corriente de todo lo que pasa? Tengan en cuenta que este señor tiene el ángelus a las 12 horas en varios idiomas, por la tarde el rosario. ¿Qué querían? ¿Que el resto del día se dedicase a contar los judíos que iban quemando...? Además, entonces no había internet... Si lo hubiera sabido, igual pide perdón. Si a él le da lo mismo...

Yo hago lo que la Iglesia me enseña. Yo nací en 1945 y vengo pidiendo perdón hasta el año 1986. O sea, que si a algún lector le he hecho algo entre estas fechas... aquí estoy para tirarme por el suelo, ceniza, látigo... ¡Pero cuidado, eh! Que voy por diciembre del 86. Que en el 88 hice algunas trastadas y hay cola esperando...

Yo, como la Iglesia, estoy especializado en el perdón atrasado.

S de sexo

DOS VERDADES

El sexo le gusta a todo el mundo, es el placer rey del hombre y, desgraciadamente, el que menos se practica. (f)

Follar no es pecado, ¡es un milagro! (r)

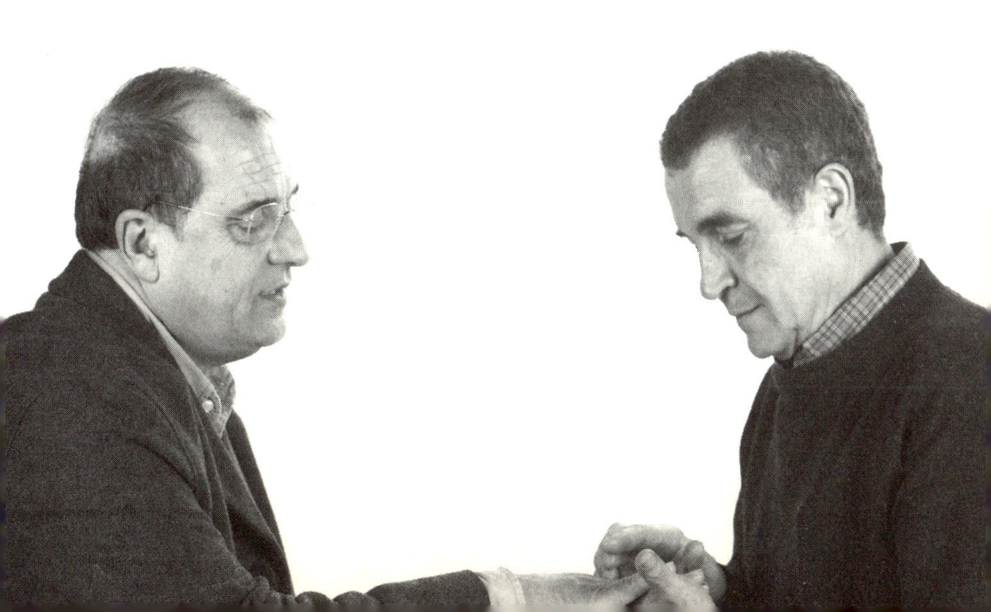

COMBATIR LA IMPOTENCIA

El enemigo número uno del sexo es el matrimonio, acostumbrarse a ver lo mismo; o sea, comer siempre el mismo plato. Ahora se habla mucho de la impotencia sexual. Hay unas pastillas que hacen milagros, pero lo mejor es el remedio corporal. A usted, hombre o mujer, le presentan a una persona joven, simpática, nueva, del día... y oigan, que se retiren pastillas, doctores y sexólogos.

SEXO ORAL

El que logre triunfar hablando de "joder" es un monstruo, ha nacido para el tema. Normalmente, las mujeres se asustan: "vamos a joder" o "vamos a echar un polvo, un casquete" no queda muy bonito. Últimamente hace culto esto de "hacer el amor", que es una frase ridícula, aunque efectiva, porque la cuestión es ir a follar, pero despistando.

CON LA VISA POR DELANTE

Puede haber sexo sin amor y amor sin sexo. Haberlos, haylos. Pero lo que es difícil es practicar el sexo sin pasta. Si no pagas directamente en metálico, hay que ir con una visa simpática, pagando cenas y wiskyes, para lograr esa integración de dos en uno, aunque sólo sea por un rato.

EL PECADO

La moral ha inventado algo que no falla: la doble moral. Por un lado, puede estar casado y con hijos; por el otro, la moral le da un carnet, una visa oro, que es pecar. Usted peca un poco y se arrepiente, porque es usted un honrado padre de familia y no puede hacer estas cosas. No se lo cuente a su mujer. Lo importante es que haga lo que quiera. Teóricamente, usted no puede practicar el sexo, pero si lo hace, ya le perdonaremos. (f)

UNA RECOMENDACIÓN

Parece que la mujer tenga que justificarse con el amor, el cariño, aquello de «háblame un poco, dime que me quieres», cosas que si me las dijera un camarero sonarían ridículas. Lo que usted no puede hacer, si es un caballero, es echarse a dormir. Eso queda fatal. Tiene que recitar unos versos de Bécquer o de García Lorca, que está de moda. Ahora, lo de decir «qué bien me he quedado y voy a dormir»... eso es horroroso. (f)

LA MASTURBACIÓN

Tengo la mano destrozada. ¡Claro, todo el día dándole...! Me ha quedado una musculación atípica: brazo de tenista y mano de pelotari. ¡Qué fuerte! Pero eso es lo que tenemos los solteros, que estamos todo el día pelándonosla. Hombre, los casados no se la pelan, digo yo. Hombre, no me cabe en la cabeza que un casado pueda hacer eso. No, hombre, no... eso sería pecado mortal. Yo no conozco ningún caso... Incluso llamé al Instituto de Investigaciones Científicas, por curiosidad, y me dijeron que no, que a qué venía esa pregunta absurda, que no había, que no había... Que quizá, en el jurásico, alguno... pero claro, era por el frío ambiente: el cambio de glaciación, la gente se frotaba para entrar en calor, y alguno frotando, frotando... Pero seguro que ése ya está en la cárcel. Le han aplicado la ley terrorista. Hombre, yo veo a un casado pelándosela y llamo a la mujer:
—Señora, venga a ver esto... ¡por Dios!
—¿Con quién me engaña?
—Con la primera que ha pillado, coño. Denúnciele. Que el juez Garzón lo precinte.
No hay, no hay... ¿conocen ustedes algún caso? (r)

VÍRGENES

Mi tía Amelina murió a los noventa y seis años, ¡soltera y virgen! Y yo voy camino de convertirme en mi tía Amelina, aunque lo de virgen lo he salvado por los pelos: «pagando, ¿eh?, pagando». Pero mi tía-abuela no. Tenía aquellos noventa y seis años de soltería y virginidad metidos dentro. Yo la recuerdo: «¡Ay, Dios mío, echadme vinagre en las llagas!». De la picazón que tenía estaba todo el día rascándose y toda ella era una llaga en carne viva. Le echabas vinagre con una manguera a presión para aliviarla, porque el líquido no llegaba al cuerpo, se evaporaba del calor que ella desprendía. Toda esa fuerza, toda esa tensión que ella llevaba dentro la tenía que sacar por algún lado, y le salió por el labio superior en forma de bigote. ¡Pedazo de bigote que le salió, como a Pancho Villa, fíjate tú! (r)

IR DE PUTAS

El barcelonés satisfacía sus impulsos eróticos en el extraordinario barrio chino. La calle de las Tàpies y la de Robador, abandonado prácticamente el comercio sexual, nos hacen derramar lágrimas a los puteros de antaño. Aquellas sórdidas habitaciones y las referencias elogiosas a los atributos masculinos formaban parte de un excitante ritual. El Molino, con sus rutilantes y escotadas *vedettes,* sus frases picantes e insinuantes, constituía junto a los bares de alterne o de camareras otro de los remedios sexuales. Si las invitabas a copas —carísimas—, te daban conversación, besitos, un poco de carne y, sobre todo, la indescriptible seguridad de que se habían enamorado de ti.

Hoy, con la liberación sexual, todo este mundo se halla en estado de coma. El sexo se comercializa en pisos y las obreras del coito son incluso estudiantes. También la prostitución goza en raras ocasiones de acceso a la universidad. El mercantilismo sexual ha disminuido en nuestras calles.

(f)

SEXO EN CUBA

Una de las experiencias más grande de mi estancia en Cuba fue el día que me presentaron a la mulata. Estaba yo en casa de Gonzalo, un amigo de la Habana, que celebraba su onomástica. Y estaba todo el

mundo bailando, divirtiéndose. Yo estaba allí en una mesa hablando con la abuela, con el tío, con el primo de Gonzalo, y en un momento determinado Gonzalito vino y me dijo:

—Oye, chico, ven acá, te voy a presentar tremenda mulata.
—Es igual, Gonzalo, déjalo. Si lo estoy pasando de rechupete. Id haciendo, id haciendo vosotros.
—Chico, ven acá, no te pierdas eso, tremenda negra.
—Gonzalo, que yo ya estoy acá la mar de bien, ya iré más tarde.
—Titina, ven acá.

¡*Macagondeu* (mecagoendios) la Titina de marras! Era una especie de toro negro que se arrancó de un ángulo oscuro de la sala, y vino caminando hacia mí, con esa forma de caminar que solamente las mujeres del Caribe tienen.
Yo no sé. Empecé a notar en mí algo verdaderamente fuera de serie. Los dedos de los pies empezaron a hacerme, *Tiqui-tiqui-ti, tiqui-tiqui-ti, tiqui-tiqui-ti, tiqui-tiqui-ti*. La sangre me fluía por las venas a una velocidad de vértigo, *chunga-chunga-chunga-chunga*. Y las rodillas giraban sobre sí mismas a doscientas cincuenta mil revoluciones por minuto, ni una más, ni una menos, *sasasa-sasasasa, sasasasa-sasa*. ¡Y la Titina, cada vez más cerca! ¡Y la Titina, cada vez más cerca! El sexo era una *mena* de caldera donde fluían los ácidos eróticos y erógenos más impensables, *chacatacatatarumchacata*. Y el penis se me disparó hacia delante como una flecha desbocada, *¡tiiinn!, ¡tiiinn!* ¡Y la Titina, cada vez más cerca! ¡Y la Titina, cada vez más cerca! Las corrientes continuaban por el intestino delgado y el intestino grueso, *chacachá, chacachá, chacachá*. Y el estómago a su aire, *taca, taca, taca, taca*, y el pulmón, *pumpumpumpum*, y el corazón, *cum-cum carai, cum-cum carai*, la *gola quequequé*, los dientes, *tiqueté queté*, los ojos, *¡diimmm!*, los pelos, *tin-tin*, las manos, *¡psiiiiii!*
Esto solamente fue el principio. Después intimó conmigo, se encerró en la habitación del hotel. ¡Yo iba hecho una auténtica partitura musical! ¡¡Me puso por allí!! ¡¡Me puso por allá!! ¡¡Y yo venga para allí!! ¡¡Y yo venga para allá!!

—¡¡Y dame placer, mi vida!! ¡¡Y dame placer, mi amor!!
—¡¡Sí, sí, Titina, te lo daré, te lo daré!!

¡Y venga carnada por aquí! ¡Y venga carnada por allá! Ya llevaba catorce, quince, veinte, veinticinco. Estaba quedando como un auténtico hombre. ¡Pero la Titina que quería más matraca! ¡Que quería más matraca!

—¡¡Dame placer, mi vida!! ¡¡Dame placer!!
—¡¡Ay, Titina, que me moriré!! ¡¡Me moriré!!

¡Y venga zarangangué! ¡Y toma guaguaguanqué! ¡Y venga zazazanqué! ¡Y venga me escapé! ¡Y la cama zazacacaca! La lámpara, *tin-tin, tin-crah*. ¡Y las paredes, *traaaaaah*! Y la Titina:

—¡¡Venga, dame placer, mi vida!! ¡¡Dame placer!!
—¡¡Ya voy, Titina, ya voy!!
—¡¡Ya no podía más!! ¡¡Ya no podía más!! ¡¡Ya no podía más!! ¡¡¡Ay, Titina, que me muero!!!
—¡¡¡Muérete, pero dame placer, mi vida!!!
—¡¡Ay, Titina!!!

Y por un momento conseguí confluir en mí todas las fuerzas eróticas de la naturaleza. Haciendo un alarde de concentración humana, me convertí en un auténtico torpedo sexual, lanzado de bruces contra el acorazado de carnes de la Titina. Y en aquel momento apoteósico de la historia erótica de la humanidad, en aquel momento monstruo de la historia del amor del hombre, yo, José Rubianes y Alegret, me cagué. Me cagué como nunca me había cagado en la vida, completamente adobado en caca... ¡con una tremenda mulata!

—¡Y DAME PLACER, MI AMOR! ¡¡DAME PLACER!!

T de trabajo

¡Cómo cambian los tiempos! Yo siempre había escuchado: "Ojalá me toque la lotería para dejar de trabajar".
Ahora resulta que la mayor lotería posible es encontrar trabajo.
¡Lo que hemos avanzado!

UN PARAÍSO LLAMADO TRABAJO

Nos quieren hacer creer que lo de trabajar nos conviene. En un manual de derecho laboral se recoge la frase del filósofo Karl Jaspers: «Lo que diferencia al hombre del animal es su capacidad para el trabajo». ¡También es mala leche! Se podría haber fijado en la cola o en otra cosa... El trabajo dignifica al hombre. Esto es marxismo, pero del malo.

Lo que pasa es que Karl Marx, un destacado sociólogo al que la historia sólo le ha concedido una oportunidad, como no sabía qué hacer para que la gente trabajara (porque el hombre no ha querido trabajar nunca en toda la historia), soltó aquello de:

"EL TRABAJO REALIZA AL HOMBRE".

Pero ni una borrachera justifica semejante patraña. Pero, ¿a dónde va el tipo ése con esta frase? Si más que de Karl Marx parece de su hermano Groucho Marx.
Él por si acaso, se pasó toda la vida estudiando, no fuera que trabajando le diera un ataque de felicidad y se lo llevaran de este mundo.
Pero la frasecita se ha infiltrado; más que infiltrarse, está totalmente integrada.

—¿Usted por qué trabaja?
—¿Yo? Para ser útil a la sociedad.
—Estupendo. ¿Y usted?
—Yo, para tener una responsabilidad social.
—Y yo para no pasarme la tarde aburrido mirando la tele.

Y miren que hay gente buscando trabajo...
Si son jóvenes, ya pueden tener un par de carreritas bien aprobadas, un par de idiomas bien aprendidos (pero no el del Imperio, no, uno con menos historia pero con más potencia) y cuando hayan superado todos los exámenes psicotécnicos, no se les ocurra preguntar cuánto va a cobrar, porque ya la han cagado.

—Pero, ¿usted, señorita, ha venido a trabajar por dinero? ¿No le hace ilusión el empleo de cajera en el supermercado?
—¡¡¡Sííí!!! La ilusión de mi vida, ya de pequeñita jugaba con los carritos, las bolsitas y las estanterías...

Tengo un amigo muy inteligente (procuro rodearme sólo de gente inteligente) que siempre me dice que su jefe es idiota, que nunca va por el despacho y que él lo lleva todo. Que trabaja a destajo, que al mediodía para diez minutos para comerse un bocata y corriendo de nuevo al trabajo para acabar a las nueve de la noche y exclamar: ¡Estoy de puta madre!

Pues les diré que la ilusión de mi vida es trabajar en los peajes de las autopistas. En una cabina de aquellas, como una nave espacial, pared desnuda y sin hablar con nadie, estufita en invierno y ventilador en verano: «Tres euros, tres euros, tres euros...».
Debe producir una satisfacción inmensa cobrarle a todo el mundo en el retorno de un largo puente y ver que la cola ni se mueve...
Pero, en fin, hay que trabajar porque todo el mundo trabaja. Hasta los aristócratas. Que si restaurar castillos, palacios..., y sin la ayuda de nadie, porque la administración no les subvenciona...
En este país trabaja todo el mundo, hasta el rey. Un desgraciado, laboralmente hablando, no vayamos a liarla ahora. ¿Saben lo que es trabajar de rey? Todo el día saludando con la mano, que debe provocar una tendinitis peor que la del tenis. Y no sólo saludar con la manita, también tienen que sonreír y luego saludar a la gente con abrazos y besos. Lejía necesitas para desinfectarte del populacho de mierda...
Menos mal que ahora se ha liberado y pasa las Navidades esquiando en Vaqueira. La gracia que le debe hacer que a su edad le digan: «¡Venga, a esquiar!, que debemos dar una imagen de monarquía juvenil». Yo me pregunto: ¿y el ajedrez no sirve?
Tengan en cuenta que Su Majestad se pasa el verano navegando en Mallorca: «El *Bribón* del rey ganó la regata».

¿SABEN LO QUE VOTA EL REY? VOTA REPUBLICANO, A VER SI LO ECHAN Y COGE EL PARO.

¿Qué será esto de trabajar que hasta la Biblia destina el primer libro del Génesis a preguntarse por qué hemos de trabajar y por qué las mujeres sufren y mueren de parto? Hay que reconocer que el tema del parto lo han arreglado bastante, pero el del trabajo...
¿Qué será el trabajo, que hay que trabajar porque hemos pecado, como castigo divino? ¡Qué degradación! Antes el paraíso era estar sin trabajar, ahora trabajar es el paraíso.

RETAHÍLA AL PADRE DE SEMEJANTE INVENTO

El 99,9% de la humanidad practica ese noble arte que es el trabajar.

El trabajar, ya saben ustedes..., con todo lo que el trabajo conlleva: el trabajo dignifica al hombre, el trabajo te honra, el trabajo te asemeja, el trabajo... bueno, el trabajo es la leche. El trabajo hasta te pone cachondo, fíjate tú. Hay que ver lo cachonda que va la gente a trabajar a las seis, siete y ocho de la mañana. Todo el mundo cantando y bailando por la calle.

–¿Adónde vais con esa marcha matinal?
–(Cantando): A traa–baa–jaar.
–No he podido dormir en toda la noche, esperando ese momento de gloria...

Y en los medios de transporte, todo el mundo pegado, juntos, ¡porque se quieren, señores!, porque van a trabajar y quieren ir juntos y jalean al conductor para que llegue pronto *«para ser conductor de primera...»*.

¡LA LECHE QUE MAMÓ..., EL QUE INVENTÓ SEMEJANTE FUNCIONAMIENTO SOCIAL, OYE!

Le tenían que colgar de los huevos en el techo y hacerle girar como las aspas de un ventilador tropical, con una cadenita *«riquitiquitín, riquitiquitín...»*. ¡Vaya pedazo de hijo de la gran puta, oye! ¡Que vayan a la mierda con el trabajo, la dignidad, la realización..., se lo metan todo en la punta del nabo, a ver si les cabe, les explota y les quedan los huevos colgados en los campanarios! ¡Que vayan a engañar al coño de su abuela, oye! ¿El trabajo dignifica? ¡El coño de tu abuela dignifica! ¡Mamón!, con acento en la «m», para joder bien.

—"Ganarás el pan con el sudor de tu frente."
—Con el sudor de tu polla lo voy a ganar, mentecato, con "h" intercalada, para joder.

Pues nada, aquí estamos, trabajando, pero cagándome en su puta madre, hombre.

U de última hora

REFLEXIONES POST 14-M

ZAPATERO A TUS ZAPATOS

Permítanme que me presente: odio, dicho sea con todo cariño, a la policía como institución, ya sea nacional, autonómica, municipal, y más aún a la seguridad privada. Me molesta el poder y la autoridad del Estado en general.

De vez en cuando, los agentes de la autoridad sufren mis salidas de tono, cuando me pillan de marrón, cometiendo el horrendo delito de conducir en moto unos metros por la acera a las 3 de la madrugada, sin gente que camine o sin documentación, porque mi DNI se ha quedado en mi casa bañándose en la lavadora o perezosamente tirado en el suelo, escondido en la camisa que, es un decir, sudé ayer.

Otras veces los funcionarios del Estado me han sancionado por no acordarme o no querer acordarme, en feliz matrimonio entre la pereza y el olvido, de renovar el permiso de conducir.

La lista podría ser muy extensa, pero no es mi propósito abrumarles con más casos que confirman que:

SI BIEN LOS SABIOS SON DESPISTADOS, TODOS LOS DESPISTADOS NO SOMOS NECESARIAMENTE SABIOS.

El último mini encontronazo con la autoridad lo tuve hace unas semanas, en el aeropuerto de Donosti, cuando fui registrado, que no sobado, por un apuesto agente de la Guardia Civil, en el control previo al embarque en el avión.
A pesar de la molestia que supone descalzarte y ser cacheado, agradecí que el agente hubiera apreciado en mí aspecto de sospechoso, pues siempre es más interesante que vean en ti a un tipo potencialmente peligroso y no a un ciudadano sumiso, perdón, quería decir, ejemplar.
Al acabar el breve registro, observé a mi lado una urna parecida a las empleadas en las elecciones parlamentarias y a las del Domund de tiempos predemocráticos, repleta de diminutas tijeras para manicura de extremidades superiores e inferiores.
La contemplación de dichos utensilios me produjo una notable alegría, al comprobar que los pasajeros que viajan en avión, ya sea en clase turista o bussiness, pertenecientes en su mayoría al grupo de ejecutivos agresivos, son extremadamente cuidadosos en procurar no arañar a sus semejantes al estrecharles la mano con la energía que su cargo requiere, y menos aún, rascarles con las uñas de los pies en las inevitables prácticas amatorias que de su labor se derivan.
Pero aquellas tijeras amontonadas en la urna, orgullo de la higiene patria, eran a su vez trágico reflejo de la naturaleza humana.

EL HOMBRE, VÍCTIMA DEL MAL, RESULTA CAPAZ DE COMETER LOS MÁS ABOMINABLES CRÍMENES TERRORISTAS CON UNA SIMPLE TIJERA ENANA.

Por ello, las fuerzas que garantizan la seguridad ciudadana son implacables en requisar a las que, para ignorantes como yo, parecen inofensivas tijeras.
¿Por qué este extremo control no se lleva en transportes más populares? ¿Tal vez se supone, a partir de los olores de los que se disfruta en el transporte público, que el currante es menos sensible a los temas de higiene? ¿No es razonable pensar que alguien que se levanta cada día a

las 5 de la mañana pueda explotar y ocasionar una tragedia? ¿O es que se debe concluir, rozando la demagogia, que el Estado siempre está más presto a proteger a los que viven en el puente aéreo, que a los que viven debajo del puente?
Esta toma de posición de la policía a favor del fuerte y la inexistencia de la eximente de despistado para los ciudadanos como yo, incapaces de poder cumplir con todas las exigencias burocráticas del Estado del Bienestar, me ha llevado a una terrible constatación:

> **He recibido más molestias de la policía que de los delincuentes.**

Tras cuarenta años de salidas nocturnas, nunca he sufrido ningún atraco. Nadie me ha quitado el dinero, excepto la autoridad, y con un simple bolígrafo.
¿Para qué sirve la policía, si ellos mismos afirman que al que pillan robando entra por una puerta y sale por otra?

VER LA LUZ

Pero nunca es tarde para ver la luz. Unos policías desleales al gobierno pero leales a los ciudadanos, me han demostrado, por fin, tras el 11-M, para qué sirve la policía: para defender a los ciudadanos de los atropellos de sus gobernantes.
¿Quién iba a decir a la izquierda en el franquismo que la policía sería decisiva en el triunfo de Rodríguez Zapatero? Su contribución en el esclarecimiento de la autoría del atentado, desobedeciendo al gobierno por pura dignidad profesional, les hace merecedores, como mínimo (y ruego disculpen mi reduccionismo catalán), de un jugoso aumento de sueldo.
La actuación policial ha permitido que los hechos de estos días se puedan entender en clave de cuento con connotaciones bíblicas.
Tras 40 años de franquismo y 5 de posfranquismo, irrumpe en el 82 con toda la ilusión de sus votantes, la izquierda en España. Sus gober-

nantes, al aterrizar en la compleja realidad, van retirando algunas de sus propuestas, entre las que destacan por su carga simbólica el adiós al No a la OTAN.

Tras 13 años en el gobierno, el PSOE cae por donde más le duele. Aquel partido con la O de obrero y pierde credibilidad por sus escándalos económicos. Aquellos chicos no eran tan honrados como prometían.

Y vino la debacle del PSOE en el 96, con el triunfo de José Mari Aznar. Desconcertada la base del partido y descabezada por la ausencia del gran gurú Felipe González, Dios envía un nuevo Mesías popular, como Felipe pero más tímido y distante, con cara de primero de la clase enrollado y con un halo de sencillez que transmite su apellido por Rodríguez y por Zapatero y que algunos, no habituados a un líder político educado, confunden con sosería.

El nuevo mesías del socialismo llega al gobierno baqueteado e insultado. Acusado de débil por los integristas del socialismo Bono e Ibarra, no gana para disgustos con los líos para unos, genialidades para otros, registradas con el nombre de maragalladas de nuestro *president*, Pasqual Maragall, el hombre que ha nacido con todas las flores de las Ramblas en sus posaderas.

Zapatero, apuesta por el tripartito frente a los integristas, quiere asesinar a Maragall por la excursión de Carod Rovira a Perpignan...

POR CIERTO, ALGÚN DÍA CON TRANQUILIDAD, EN UN ESPACIO DE HUMOR EN TVE 1, ZAPATERO Y MARAGALL DEBERÍAN REPETIR SUS CONVERSACIONES TELEFÓNICAS, QUE CON LA DISTANCIA HAN DE SER DIVERTIDÍSIMAS.

Su amistad con el tripartito no pintaba nada bien para las elecciones. Todo auguraba el desastre.

Enfrente, un Partido Popular crecido por la desunión de sus oponentes se iba hinchando de vanidad. La arrogancia de la hada mala Aznar era imitada por sus colaboradores. Trillo, Zaplana, Acebes rivalizaban en seguridad prepotente.

La guerra con Irak, para salvar Irak, disculpen el trabalenguas, no había debilitado a los arrogantes. Muchos pensaban que a nosotros no nos salpicaría. Pero hete aquí que, como clásico castigo divino de

Yahvé, la sangre de unos inocentes golpea el corazón del pueblo español, que ve como alinearse con según que países, además de inmoral, resulta desgraciadamente peligroso.

Y al final de todo, en pleno suspense de película de Hitchcock o de película americana, cuando en el fuerte asaltado por los comanches aparece el séptimo de caballería y los buenos ganan contra pronóstico a los arrogantes salvadores de patrias propias y ajenas.

Finalmente, nuestro héroe vence, cuando pocos creían en él, cuando sus *supporters* le exigían más agresividad, malas formas, falta de educación:

"¡DALES CAÑA, JOSÉ LUIS!"

El Dios vengativo del Antiguo Testamento condena al prepotente al infierno en vida de la soledad y al desprecio de sus semejantes. Porque por desgracia, hasta los buenos se regocijan en tono vengativo con la derrota del Mal, pero no me cabe ninguna duda de que quienes más ganas le tienen a José Mari Aznar y López, que diría mi adorado doctor Fabià Estapé, son los miembros de su propio partido, que han hecho de la obediencia ciega al jefe y de la mofa a las divisiones de la oposición socialista, la causa de su fracaso electoral.

José Luis Rodríguez Zapatero muestra, como los grandes vencedores, misericordia con el enemigo. Parece ser que más que alegrarse de la derrota del enemigo, disfruta de su triunfo.

Ha asegurado que el poder no le cambiará... Torres más grandes han caído. Supongo que lo que quiso decir era que espera que el poder no le cambie, cosa que, aunque difícil, no dudamos que tratará de conseguir.

De momento, al discrepante Bono le ha enviado el misil de revisar el Plan Hidrológico Nacional y le ha premiado con la cartera de Interior, regalo envenenado, pues con la problemática de la seguridad estatal y el carácter de Bono, son muchísimas las posibilidades de que se estrelle en el cargo a las primeras de cambio.

Zapatero hará bien, si me lo permite, en no perder nunca de vista su apellido materno. Todos sabemos la importancia de este noble oficio y de lo decisivo que resultan unos zapatos cómodos. Usted debe ser el zapatero de todos los españoles. Le felicito.

No ceda a los modernos del diseño con la pijadita del ZP. Para seguir gozando de crédito entre la juventud y entre los de la O que queden de su partido, más vale que, aunque sea imitando a su antecesor, en la intimidad, añada a su apellido:

RODRÍGUEZ ZAPATERO Y ZAPATISTA.

QUIEN A HIERRO MATA, A HIERRO MUERE

Ahora que el pueblo español se ha expresado en las urnas expulsando al PP del gobierno, no quiero entrar en el juego de masacre y machaque del derrotado.

Supongo que en la «nueva era», por parte del PP entrarán en liza caras nuevas que nos hagan olvidar a estos personajes siniestros que han ocupado los altos cargos del gobierno del país. ¡Que desaparezcan para siempre junto con Aznar: los Acebes, los Zaplana, los Trillo, los Michavila, los Arenas, los Piqué, los Mayor Oreja, los Álvarez Cascos, etc.! Y caras demócratas, que las hay en ese partido, ocupen su lugar para dar calidad a la vida democrática del país.

Rodrigo Rato es un personaje que me resulta interesante. Lo vi el otro día en TV compareciendo al lado de Aznar y Rajoy, y su cara era todo un cuadro de desolación. Sin duda, me parece el político más inteligente del PP y uno de los «más» de la vida política española. Su cara era tremenda, era como si hubiera envejecido de pronto 30 años, estaba como ido, como bajo los efectos de un narcótico tranquilizante que le tenía más en las riberas del Ganges que en la calle Génova.

En Barcelona el palo tuvo que ser tremendo para él, cuando le gritaban «Asesino, asesino» junto al trilero político Piqué, para al día siguiente perder con rotundidad las elecciones.

Siempre el señor Rato me ha parecido el más demócrata, discreto y efectivo en silencio, de toda esa gente prepotente, ridícula, mediocre y fascistoide que componían el cuadro de sus compañeros ministros.

Pienso que Rato es un personaje político a recuperar. Supongo que el mismo narcótico que tomó para dar la cara en TV le hizo seguir a Aznar en esa locura ególatra que ha caracterizado el quehacer del Napoleoncillo de Quintanilla o Aserejé, como le conocen en los medios políticos internacionales.

RATO ME PARECE UN HOMBRE SERIO Y CURRANTE. HA SIDO EL MÁS CURRANTE DE TODOS, ESTO ESTÁ CLARO. Y, SI EN ALGO LA ECONOMÍA ESPAÑOLA HA IDO BIEN, EN MUCHO A ÉL SE LE DEBE.

Supongo que Rato y los de su «forma de hacer» han sido los que más han sufrido la debacle.

¿Qué esperaban?, ¿quizá pensaron que el pueblo español era idiota?, ¿no conocen la historia y la psicología de nuestro país? ¿Por qué esa actitud prepotente, esa chulería castiza y casposa de señorito idiota y patán, ese desprecio fascista y cruel? ¿No se pararon a pensar que el pueblo español es de la filosofía «para chulo yo» y que tiene la gentileza de funcionar como una olla a presión que aguanta y aguanta, va soltando vapor y si, a su tiempo no la abres, salta por los aires? (¡y esta vez ha saltado salpicado con sangre, mucha sangre inocente, provocado por una forma de hacer política irresponsable y en contra de la voluntad popular!). ¡No pensaron que aún nos queda un poquito así de dignidad y que la sangre es algo que nos pone malos porque nuestra historia está llena de ella! ¿Estaban tan ofuscados mirándose al ombligo que no supieron ver lo que ocurría? ¿No sabían que por mucho que intenten tergiversar y engañar, este país está acostumbrado a la información

¿QUIZÁ PENSARON QUE EL PUEBLO ESPAÑOL ERA IDIOTA?

clandestina que funcionó durante cuarenta años? (Claro, la mayoría de estos señores eso no lo vivieron, pues estaban descaradamente al lado de aquellos siniestros personajes de nuestra más triste historia cuya función fue ahogarnos en nuestra propia sangre.) ¡Y esa información casi clandestina hacía ahora su trabajo por medio de móviles, internet y otros sistemas, que informaban a la población puntualmente de la verdad de lo que estaba ocurriendo en aquellos trágicos momentos para todos!

No puede haber tantos millones de idiotas y unos pocos tan listos y tan: «¡A mí, de qué...!».

Si engañas a una novia una vez, te lo perdona; dos veces, también; tres, se mosquea; y a partir de ahí, te deja, y cuando te deja, cuando una mujer decide acabar una relación, por lo general no hay vuelta atrás.

En fin, ¡ni a mi peor enemigo le deseo un final tan terrible!

Pero, ¿cómo tuvieron el valor de jugar con unos sentimientos y con unos cuerpos muertos y heridos, aún calientes, pensando en unas putas papeletas?

¿EN QUÉ COLEGIO ESTUDIARON ESOS IMBÉCILES?

Supongo que en un país normal los responsables del evento se hubieran pegado un tiro o recluido en un psiquiátrico para un tratamiento en profundidad de por vida.

¡Aquí no ha dimitido ni el candidato!

¡Manda huevos!

¿LES SUENA?

V de viajes y vacaciones

EL CRUCERO

Me fui de crucero organizado. Una semana por el Báltico. Llegamos en avión a Copenhague. Visitamos la ciudad. Enseguida vi un McDonald's y pensé: «Menos mal que estamos en la civilización». Y sí, lo estábamos, porque estaban casi todas las tiendas, sólo faltaba El Corte Inglés; y también había unos peruanos tocando, incluso vimos a los del cubilete: «*¿La bola dónde está?*». Se ve que esta gente hace giras. Y después de visitar la ciudad, fuimos a ver el símbolo de Copenhague: la sirenita.

UNA MIERDA DE SIRENA. Y ADEMÁS ESTÁ LEJOS, PERO CUALQUIERA SE VA DE AHÍ SIN VERLA.

Luego subimos al barco y Báltico para arriba, dos días sin parar.

—Oye, ¿es que no para esto?
—No, tenemos que verlo todo.
—Oiga, si hay que remar, se rema. Aquí hemos venido a colaborar y a disfrutar.

También estuvimos en Estonia. El único que no sabía cuál era la capital era yo. Tallinn. Se ve que todo el mundo lo sabía, menos yo. Vimos también un McDonald's, menos mal. Y nada, a comprar. No vas a llegar a Estonia y te vas a ir sin comprar nada.
Incluso llegamos a Rusia. A San Petersburgo. Sólo cuatro horas. Yo me hice amigo de un tipo inteligente del barco y enseguida se dio cuenta: «*Rusia, Rusia, Rusia es una mierda, nene*». Hay gente que lo ve rápido. Yo tardé un poco más.
Y nada, fuimos al museo Ermitage y con un ojo mirando los cuadros y con el otro la guía, porque si te liabas podías acabar en Marruecos. Santa Catalina, Gaughin, Picasso... y: «Hóstia, esto ya no lo podemos ver», porque tenemos que ir a la iglesia de San Nicolás y claro, no me voy a ir de San Petersburgo sin a saludar a San Nico, vamos, hombre. Y al salir de la iglesia la guía nos dijo: «Ahora disponen de cinco minutos libres».

—¡Coño! y ahora, ¿qué hacemos? A mí me dijeron en la agencia que estaba todo programado.
—Hagan fotos.
—Ah, gracias por el consejo.

Una semana estuvimos y lo vimos todo, sin profundizar pero todo. Les tengo que confesar que a mí me sobraron cuatro días. Porque de lo que tienes ganas cuando haces un viaje, es de volver y poder explicarlo. Si no, ¿qué sentido tiene hacerlo?

CON EL IDIOMA HEMOS TOPADO

Yo recuerdo una anécdota en Tailandia, estuve allá de vacaciones un mes, y me pasó una historia impresionante. Yo había acabado una gira teatral y me quedé allí un mes y medio de vacaciones. Entonces llegué a Tailandia en plan así, un poco generoso, ¿no?, sabes aquello «a buscar un poco la aventura», a encontrarme con el amor, digamos. Iba por la calle de Bangkok, pues así, con cara de *bollicao*, para que me mordieran, ¿no? Entonces, pues nada, me puse a estudiar la lengua tai, aprendí un poco de tai para moverme por allí —Tailandia, ¿no?, el país de los tai, pues la lengua tai. Me puse pues con la movida ésa, abierto a la esperanza del amor. Y fíjate lo que es la vida, que me enamoro nada más y nada menos que de una chica de Cardedeu. Fíjate tú, qué ojo tengo. Pero, claro, como ella tenía rasgos orientales yo no me daba cuenta que era de aquí. Entonces ella me hablaba en catalán y me decía: «Soy de Cardedeu» y yo, que estaba estudiando tai, buscaba *cardedeu* en el diccionario y no lo encontraba. Y ella, otra vez:

"SOY DE CARDEDEU"

Y yo, hostia, el verbo *soyar* precisamente de los pocos verbos que no me sabía en tai, *soy, soy, soyar*. Dice que «yo soye», de «yo soyo, tu soyas, el soya», que en tailandés es «so hu ho», ¿eh? Entonces, pues claro, yo estaba con la pachanga esta del diccionario y no atendía lo que ella me decía: «¡Soy de Barcelona, de Cardedeu!». Digo, hostia, esto me suena. Digo, ¿puedes repetir?: «Soy de Cardedeu». ¡Hombre, coño, habérmelo dicho antes! Llevaba una semana dándole al diccionario. Bueno... y allí empezó una historia de amor impresionante. A mí ya me daba igual lo tai o «lo toi». Recuerdo aquellos paseos con ella, Carme Puig se llamaba, y Llompart, Carme Puig y Llompart, por si la conocéis, no le comentéis esto porque... ahora está casada y no quiero líos. Recuerdo aquellos paseos con ella por las playas de Pattaya, cogidos de la mano, con las olas del mar que nos llegaban a nuestros pies, las gaviotas aquellas... Nos sentábamos mirando el horizonte, detrás había aquellas montañas impresionantes, ella decía: «Parece el Montseny». Era maravilloso aquello... Pero a ella le gustaba ir a hacer turismo, el palacio de no sé qué, la avenida de no sé cuántos, la playa de... y a mí la verdad no me gusta moverme tanto. Entonces, acababa tan agotado que cuando llegaba al hotel me iba a la sauna. Y lo que es la vida, porque yo no había caído que la sauna tailandesa es erótica, te hacen un masaje erótico. Y yo me iba a la sauna en plan turista, con el albornoz, las chancletas y la toalla. Bueno, allí te cogían y te hacían un desaguisado. Entonces me aficioné a la sauna e iba todos los días, a todas horas. Hasta que un día la buena de Carmen me dice:

"O LA SAUNA O YO".

Yo dije: «La sauna». Me arrepentí después, la vida es así. Pero ahí se acabó la historia.

HISTORIA EN LA HABANA

Yo vivía en La Habana, en la parte nueva, en la parte moderna, en un barrio que se llama El Vedado, donde están las grandes construcciones de la época de Batista y toda la historia, y me hospedaba en el hotel Capri. Entonces, yo estaba un día paseando por La Habana Vieja, por todo aquel recoveco de callejones, callejuelas, callejoncillos, etcétera, etcétera, y me perdí en medio de aquel laberinto de calles y le pregunté a un negrito que pasaba por allí:

—¡Oiga, por favor! ¿Para ir al hotel Capri?
—Al hotel Capri, ¿tú, quiere ir? Mira, chico, ven acá, va a *cogé* esta calle *too seguio*, va a *pasá* una esquinita, *dó esquinita*, *tré esquinita*, cuatro *esquinita*, va a *vé* una escalera que baja, baja la escalera, vuelve a *subí pó* la escalera *pá* arriba, verá que salen *lo niño* del colegio, si tiene (¿) alguno lo recoge, sino tú va tirando *too* seguido *pá* arriba, *verá* que sale... ¡¡¡Mira lo que viene por acá, mira lo que viene por acá, tremenda nalga, tremenda *teta*, mi negra...!!! Cuando llega al fondo tú *verá* una palmera, te sube a la palmera, quiere *cogé lo dátile*, tú *lo coge*, vigila no te vea el guardia te pone tremenda multa, te va a *bajá* para abajo, va a *tirá* a la izquierda, luego a la derecha, vuelve a *tirá* a la izquierda, luego a la derecha *verá* un recoveco que hay una plaza, tú tira *too seguio*, *verá pasá lo avione*, *cuidao* el aeropuerto, no, tú sigue, *vá* tirando, tirando, tirando *pá llá*, cuando llegue al fondo *verá* el mar, ahí esta el mar y te *vá* a encontrar el hotel Capri delante. ¿*Entendi'te*?
—Sí, yo creo que con la explicación que me ha dado no voy a tener...
—¡¡Ah, no, no, no, no, te veo cara de duda!! ¡No *entendi'te*, ven acá, ven acá, mira, *vá a pasá* una esquinita, *dó*...!

—No, no, no, no me lo explique más, que lo tengo claro...
—Que no lo *tiene* claro, mi hermano. Pasa una esquinita...
—¡Que no me lo explique más, que lo tengo muy claro!
—¡Que no lo *tiene* claro!
—¡Que sí, que lo tengo claro!
—¡Que no lo tiene claro!
—¡¡¡A la mierda, coño!!!
—¡¡¡*Falta'te* al negro!!! ¡*Falta'te* al negro!
—No, yo, yo no le he *faltao*, usted...
—Sí que faltó al negro, yo lo vi desde la ventana lo vi. ¡Vengan acá los negros de La Habana que faltó al negro, vengan, ay, *vamo* los negros, *vamo pá llá*...!
—¡*Vamo too pá llá*!
—¡*Vamo*, vengan *toos* los negros!
—¡¡*Falta'te* al negro!!

ERAN COMO CATORCE O QUINCE NEGROS QUE VENÍAN PARA MÍ.

—Les juro a ustedes, yo no he faltado a nadie, simplemente le he preguntado la dirección de....
—¡¡¡*Falta'te* al negro!!! ¡¡¡*Falta'te* al negro!!! ¡Vayan saliendo *lo negro*! ¡*Vamo pá llá, vamo pá llá too, vamo pá llá too*! *Falta'te*...

ERAN YA COMO TRESCIENTOS, CUATROCIENTOS NEGROS QUE VENÍAN PARA MÍ.

—¡¡Les juro a ustedes, yo no he faltado a nadie!!
—Sí que *falta'te* al negro, yo lo vi desde la *terrasa*.

PASABAN LOS AUTOBUSES

—¡¡¡*Falta'te al negro*!!! ¡¡*Lo falta'te, lo falta'te*! ¡¡Cómo *falta'te* al negro, mamón!!
—¡¡¡Yo no he faltado a nadie, lo juro, lo juro!!!
Eran mil, dos mil negros que venían para mí.
—¡¡¡*Falta'te* al negro!!! ¡¡¡*Falta'te* al negro!!! ¡¡¡*Falta'te* al negro!!!
—¡¡Yo no he faltado a nadie!!

ECHÉ A CORRER POR LA CALLE PRINCIPAL DE LA HABANA, HACIA ABAJO, Y TODOS LOS NEGROS DE LA HABANA DETRÁS MÍO.

—¡¡*Falta'te* al negro!! ¡¡*Falta'te* al negro!!
—¡¡Yo no he faltado a nadie, lo juro!!

—¡*Falta'te* al negro! ¡Lo *falta'te*! ¡¡Lo *falta'te*!!
—¡Yo no he faltado a nadie, lo juro!

YA VENÍAN CASI TODOS LOS NEGROS DE CUBA DETRÁS MÍO.

—¡¡*Falta'te* al negro!! ¡¡*Falta'te* al negro!! ¡¡*Vamo lo negro...vamo* con el *vasilón*!! ¡¡*Falta'te* al negro!!
Llegué a la orilla del mar, y en el momento en que me iba a zambullirme, cuatro tiburones negros... Me rodearon todos los negros de Cuba.
—¡¡*Falta'te* al negro!! ¡Falta...!
—¡¡*Falta' te* al negro!! ¡*Falta'te* al negro!
—Y me obligaron a escuchar cuatrocientas veinticinco mil veces la dirección exacta, precisa y concisa del hotel Capri de La Habana. Y desde aquel día iba yo por la calle: ¡Paso una esquinita, dos esquini...!

EL INFIERNO DE LAS FOTOS

Existen los que se van de viaje y te llaman por teléfono: «Todo muy bonito, muy buen tiempo, ya te contaremos». Y veinte euros que les soplan de la llamada. Normalmente, éstos al volver te llaman y te invitan a cenar. Ya te escama por qué nunca te invitan a nada.

—Bueno, a cenar...
—¿Te gustan las pizzas?
—No mucho.
—Éstas te gustarán.
Será el motorista que es más guapo, qué sé yo. Y entre pizzas, te ves metido en medio del festival fotográfico, esa estampa única de pareja mirando las fotos.
—Mira, aquí estamos en Múnich.
—No, cariño, es Viena.
—Que no, cielo, que es Múnich.
—Viena, corazón.
—Múnich, querida.
—Un momentito, porque en África no estuvimos, ¿verdad...?
Y usted a las tres horas les dice:
—Perdón, vamos a ver, ¿os he hecho algo? ¿Os he ofendido sin darme cuenta? ¿Os he faltado el respeto?... Pues, ¿a qué viene este baño cultural? No seáis tan buenos.

¿No lo habéis pagado vosotros el viaje? Pues disfrutadlo vosotros, que yo soy muy ignorante.

Yo estoy temblando que el lunes me viene un amigo que ha estado tres meses en el Amazonas y los Andes y otro del Extremo Oriente.
Me veo comiendo pizzas hasta Navidad.

LOS QUE VAN DE ENTERAOS

Existen otros peores que los de las fotos, los que no viajan, pero como tienen envidia de que tú sí lo has hecho, entonces van de enterados.

—¿Has estado en Estocolmo? ¿Viste el Palacio Real?
—No.
—Pues, coño, ¿qué has visto? No te fijaste en un palacio...
—No.
—Pues si no has visto nada, si te has perdido lo mejor...

Y se te queda una cara de tonto...
Yo conozco a un tipo de éstos y cuando volví del crucero del Báltico, le esperaba y estaba preparado.

—¿Qué, mucho frío no?
—Qué va, de frío nada. Una temperatura ideal.
—Pero, ¿en el barco no os habréis podido bañar?
—¿Cómo que no? Si había una piscina alucinante llena de agua, que casi te ahogabas de tanta agua como había. Y unas hamacas... y hasta te daban los albornoces...
—Pero, ¿seguro que Helsinki es una ciudad muy cara, verdad?
—Uy, qué va... nada cara. La mitad que en Barcelona. Aunque, claro, hay que saber ir por los sitios... Si te ven la cara de turista... Pero a mí todo me resultó estupendo.
—¿Y la comida?
—Eso sí, un poco monótona. Caviar y salmón todo el día.
—¿Y de ligues, qué?
—Poca cosa. Sólo dos.
—¿Edad?
—Mayores. Veinticuatro años.

Y el tío se fue y no me ha vuelto a preguntar nada nunca más.
Si se cree que le voy a decir la verdad, va listo. ¡Que vaya a Helsinki y pida un whisky, verá lo que le cobran!

LA UTOPÍA

Yo me pregunto: ¿Y cuándo se hacen vacaciones de familia? Una institución con tanta solera... Y que no den vacaciones a sus miembros. Si hasta en el trabajo más matado, les dan vacaciones a los trabajadores... No entiendo que no puedas darte vacaciones de familia. "Adiós, familia, nos vemos en septiembre" Sería fantástico, pero eso aún no se ha inventado. Deberíamos patentarlo.

X de xenofobia

INMIGRACIÓN

Es lamentable lo que está sucediendo con los inmigrantes. ¿Acaso no pasaba aquí algo similar hace 25 años cuando la gente se iba fuera a trabajar? (r)
Me cabrea que se critiquen las molestias que causan los inmigrantes y no las que causan los turistas. (f)

MANDA EL DINERO.

EL RACISMO

SER RACISTA ES SER POCO INTELIGENTE.

Yo odio a la humanidad en general. Sí, le tengo manía a mucha gente... ¿Por qué odiar sólo a los negros, a los magrebíes..., pudiendo odiar a los ingleses, a los franceses, a los americanos...? ¿Para qué vas a hacer excepciones?

A mí un pakistaní no me ha hecho nada; bueno, sólo las pequeñas molestias de los vendedores ambulantes, pero poca cosa...

A mí quien más molestias me da, son las familias, los vecinos, los amigos... ¿Cómo le voy a tener manía a un pakistaní, si no hablo con ellos?

Los *guiris* turistas, estos ya me molestan más, van todo el día borrachos, chillando por la calle con la excusa de que están de vacaciones...

Además estos pobres inmigrantes son de equipos de fútbol que no llegan a las finales de las copas de fútbol... Te toca una final o semifinal de la Copa de Europa y ya estás listo...

Les confesaré una cosa, a mí los que de verdad me molestan son los turistas ricos, porque me hacen sentir muy desgraciado por no tener un barco como el de un jeque árabe...

En cambio, cuando veo a otro norteafricano, sin un duro, sin faena... no me entra alegría, que no soy tan despiadado, pero pienso: «Qué suerte tengo yo de no estar como ese tío».

ALGUNA SOLUCIÓN

Algunos problemas hay con esto de la inmigración. Por ejemplo, los tirones de bolsos. Pero ya se sabe que los problemas existen porque tenemos unas leyes anticuadas...

Pero estos tíos que tiran de los bolsos, corren tanto que podrían reciclarse en extraordinarios atletas... Los marroquíes son campeones de medio fondo... Y sin doparse...

...NO HAY DOPING MEJOR QUE TENER A UNA PAREJA DE LA GUARDIA CIVIL PERSIGUIÉNDOTE...

... Bates todos los records mundiales...

ÁRABES EN CATALUÑA

No lo puedo entender. Creo que para los empresarios, los inmigrantes actuales ofrecen unas ventajas que no ofrecían los que llegaron del resto de España en los años 60. Además de una mayor explotación económica, no pierden el tiempo discutiendo si son catalanes o españoles. Hemos aguantado sevillanas y Justo Molinero, y a éstos, se les niega una mezquita.

NEGROS EN CUBA

Cuba fue un país que me impresionó sobremanera, sobre todo el color de Cuba, aquel azul y aquel verde cubano incomparable en todo el mundo, y más que esto me impresionó el color de la piel humana, allí encuentras todos los colores de piel imaginables, desde el blanco más blanco hasta el negro más oscuro. Es la gran coctelera del Caribe.

Yo hice un trabajo bastante interesante al respecto, se llamaba *Cuba y color*, —está agotado, no lo vais a encontrar— donde hice una clasificación bastante aproximada de esta mezcla étnica:

El grupo de los blancos, de los mulatos y de los negros.

Dentro del grupo de los **blancos** había su clasificación:

1 Estaba el blanco más blanco, que allá le llaman el *blanco pomada*, que es el blanco de corte norteeuropeo, el clásico sueco que va a Cuba de vacaciones, se va a la playa, echa la toalla en la arena, se pone las cremas, se echa al sol, no tiene en cuenta el poderío del sol cubano, y los recogen de la arena hechos carboncillos a casi todos, completamente *quemaos*.

2 Después está el *trigueño*. La mayoría de nosotros somos trigueños, piel morena y pelo negro.

Después está el *indio*. Quedan poquísimos, porque cuándo la conquista los exterminaron a casi todos, por eso después tuvieron que llevar a los negros para trabajar en las islas.

3 Después está el *chino*. Debido a la gran emigración china a Cuba cuando la Revolución China.

4 Después está un ente así, a su aire, que nadie sabe de dónde viene ni a dónde va, que es el *jabao*. El *jabao* es un blanco, con facciones de negro

y pelo de negro. Están en estudio con él, cuando tenga más datos ya os tendré al corriente de esta historia.

Después viene el grupo de los **mulatos**, el grupo de los mulatos es un grupo conflictivo, el mulato se cree del grupo de los blancos y desprecia al negro y a su vez es despreciado por el blanco; está en lucha siempre. Y dentro de los mulatos hay su clasificación también: está el *mulato blanco-naso* que es el más claro, es el que está picado con el *jabao*, que si yo, que si tú, que si tú, que si yo. *E1 mulato-mulato, mulato común* el que habéis visto siempre. El *mulato achinado* o *mulato pequinés,* que viene del cruce de un negro y una china o de un chino y una negra. El *mulato chocolatina,* que es la famosa mulata cubana, la que nos gusta a todos. Y después viene el *mulato amargao* por el problema que hay con los negros.

Después viene el grupo **negro**, que es un grupo compacto y poderoso. Está el *negro mulataso,* que es el que está *picao* con el *mulato amargao* que si yo, que si tú, que si tú, que si yo... El *negro-negro, negro congo,* el *negro mandingo,* el *negro asul,* el *negro retinto* o aficionado al vino, que es una especie nueva que ha salido con la Revolución Cubana. (r)

Y

de yo

YO, PEPE

Soy Pepe Rubianes, actor galaico-catalán. Digo «galaico» porque nací en Galicia, aunque casi nunca he vivido allí, y «catalán» porque he vivido siempre en Cataluña, aunque nunca he nacido aquí. Debido a mi natural modestia, me cuesta mucho hablar de mí mismo.
Así, a modo de breve biografía, les diré que, como todos, soy hijo de un padre, de una madre, tengo hermanos, primos, sobrinos, tíos, abuelos, en fin, toda esa pachanga que la vida nos ofrece generosamente, ¿no? Y un bello lunar aquí, en mi mejilla izquierda, porque, como bien dice el bolero cubano: *«Como se lleva un lunar, todos podemos una pena llevar»*. Mi infancia, se la pueden ustedes imaginar como la de cualquier niño; pues, estrangulando gatos, persiguiendo hormigas, machacando culebras, etcétera, etcétera, etcétera, o sea, lo que hacen los niños normalmente.
Mi adolescencia, como la de cualquier adolescente, *adolesciendo* de todo menos del acné y de la idiotez, esto último les aseguro que no me ha abandonado de por vida.
¿Mi hombría de bien? Pues la normal, aquello de: «Hombre, ¿qué tal?, pues bien».

Y MI MADUREZ, PUES COMPLETAMENTE INMADURA.

Yo creo que con estos datos y mi cristalina personalidad, ya ustedes se harán una idea de mi forma de ser.

YO, CARLES

Soy un comunicador, o un predicador, sin la connotación religiosa. Abandoné alegremente el claustro materno el 10 de septiembre de 1945. De mi infancia conservo algún recuerdo de acontecimientos tan vulgares como mi primera comunión vestido de marinerito o la falsificación de la firma paterna en el cuaderno de notas.

Estudié bachiller de Filosofía en el Instituto Católico de París y Teología en la Facultad de San Paciano de Barcelona.

Entre finales de los 70 y principios de los 80 empiezo a coquetear con el mundo del espectáculo haciendo las funciones de *road manager* para una empresa que se llamaba Cabra. Allí conocí a Serrat, Sisa y otras estimables personalidades del mundo de la farándula.

En 1982, como *manager* de la Orquesta Platería, realizo 23 bolos para mítines del PSOE, colaborando y contribuyendo de esta manera a la victoria de este partido en las elecciones generales de aquel año para el Estado Español. Experiencia ésta que me hace replantear mi vocación religiosa. Después de un mes de reflexión, me decido a colgar la sotana.

A partir de ese momento, mi presencia en el ambiente nocturno de la ciudad de Barcelona es como una especie de constante vital en círculos de cantantes, actores, noctámbulos y resto de criaturas de la noche.

En los 90 regento la sala Nitsa, híbrido de antro nocturno extraño que programa teatro-cabaret por las noches y hace fiestas para jóvenes hip-hop-tecno-macro-pop en las madrugadas.

Aprovecho la condición de amigo de Pepe Rubianes para escribir un libro titulado *Rubianes, payaso (Conversaciones a platea vacía)*.

Probablemente contagiado por el entusiasmo de mi famoso amigo, acabo por ver claro que lo que de verdad quiero es ser artista.

Y TODO ESO CON CINCUENTA TACOS.

Y AHÍ ME LANZO.

de zapping

LO QUE OTROS HAN DICHO DE

PEPE RUBIANES

ALEXANCO, José Ramón (Futbolista)
A mí lo que me ocurre con Pepe Rubianes es que me gustaría ser como él. A veces, los que no podemos decir lo que pensamos, soñamos con poderlo hacer algún día.

BUENAFUENTE, Andreu (Humorista y presentador de TV)
Rubianes es imbatible. Siempre nos lleva cinco minutos de ventaja.

GONZÁLEZ, Jordi (Periodista y presentador de TV)
No me canso de entrevistarte, de aplaudirte, de quererte y de respetarte. Eres único, Pepe.

LEÓN, Loles (Actriz)
A Pepe Rubianes lo parieron con talento... Ésa es la diferencia.

MONZÓ, Quim (Escritor)
Tratándose de Rubianes, no tengo palabras.

OTERO, Julia (Periodista y presentadora de TV)
¡No! Esa sílaba resuena en mi memoria auditiva cuando digo el nombre de Pepe Rubianes, y junto a ella puñados de sonidos que cada día todos oímos mezclados con la vida.

PÀMIES, Sergi (Periodista y escritor)
Rubianes es al teatro lo que la onomatopeya al lenguaje: expresividad y transgresión.

SERRAT, Joan Manuel (Cantautor)
Desde el cuarto oscuro de su integridad, Pepe Rubianes es un tipo sincero que se dedica a fabricar carcajadas reciclando verdades como puños. La palabra inflamada y el gesto desbordado.

Jugando al yoyó con ruedas de molino, este gallego-catalán, injertado de cubano, va por la vida desenmascarando la realidad, y así nos ayuda a ser un poco mejores.

TAHA, Ezzat (Guía egipcio)
Me enteré de que Pepe Rubianes era actor en su cuarto o quinto viaje a mi país, y no porque él me lo dijera, de ello me informaron unos barceloneses que estaban aquí de vacaciones. Siempre ha evitado el tema de su trabajo. Viene aquí a olvidarse por un tiempo de su mundo y a disfrutar de las muchas maravillas que Egipto ofrece. A veces, la mayoría, viene solo; otras, con alguna amiga por lo general guapísima o con algún amigo de su entera confianza. Es muy serio, y a veces puede parecer incluso hasta frío y distante, pero al poco de tratarlo te das cuenta del gran corazón que tiene y de que es un amigo para toda la vida.
Cuando anda por El Cairo o por el Alto Nilo evita, dentro de lo posible, relacionarse con españoles, y se vuelve loco de contento cuando le presento gente de mi tierra.
Yo con él estoy encantado, y cuando viene dejo todos mis trabajos para centrarme en él y viajar por todo el país. Gracias, *jabibi*...

LO QUE OTROS HAN DICHO DE

CARLES FLAVIÀ

AMELA, Víctor (Periodista)
Es un ingenio libre y desatado que es una alegría y una rareza, una lengua suelta de la calle, pero una lengua contemporánea, porque Cela también la tiene suelta (la lengua), pero es más antigua. La de Flavià es una prédica laica que azuza pasiones, una prédica políticamente incorrecta, que no pide votos, no augura castigos, no promete paraísos ni anuncia infiernos.

DE ESPAÑA, Ramón (Periodista)
Flavià se revela cada noche como un espíritu libre que utiliza la risa para poner en su sitio a la tontería imperante.

LEY, Pablo (Crítico teatral)
Flavià es un especialista en la divagación descabellada a altas horas de la madrugada, acodado en la barra de un bar. Humor inteligente, verbalísimo, cocinado con la cultura popular y espaciado con los mejores aromas de la clásica. Francamente, si Flavià se presentara a unas elecciones, con su discurso directo y la brillantez de su populismo, seguramente recaudaría su buen número de votos. Y no hay duda de que los administraría para el bien de todos. *Flavià for president.*

MARTÍNEZ, Guillem (Periodista)
Se trata de un ex cura que nada tiene que ver con el padre Apeles. Es un señor cabreado que habla el catalán macarra de Barcelona y que suelta lo que le viene en gana.

MONEGAL, Ferran (Periodista)
Es un centauro, mitad chava y mitad pijo, que a lo mejor es toda Barcelona resumida. Es capaz de comerse una docena de ostras en el mostrador de una churrería.

MONZÓ, Quim (Escritor)
Flavià es un monstruo del desparpajo y de la falta de corsés. Cuando veo en televisión algún presentador de esos que no saben entrevistar, que sólo buscan la risa fácil o que se azoran si tienen que hacer una pregunta minímamente comprometida, imploro para mis adentros: «Flavià, ve y dale una lección».

ORDÓÑEZ, Marcos (Crítico teatral)
Da gusto oír hablar a Carles Flavià. Es la voz de una persona que, en cierta manera, ha llegado a un acuerdo con la vida, y habla por hablar. Para pasar el rato. Para entretenerse contribuyendo una idea, una observación; para transmitir una indignación y, a la vez, hacer reír a su interlocutor. Carles Flavià no es *profesionalmente* un actor, sino una cosa todavía mejor: un personaje.

PÀMIES, Sergi (Escritor y periodista)
Flavià destila un discurso casi terrorista que dispara contra los incuestionables valores de nuestro mundo, no con encendidos discursos morales, sino con la resignada constatación del fracaso de las grandes palabras.

FLAVIÀ
SEGÚN
RUBIANES

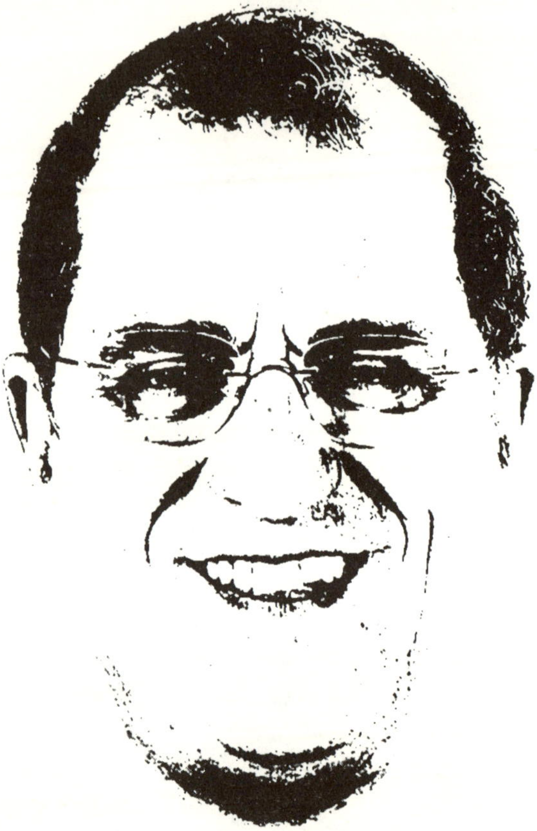

Les puedo asegurar que ser amigo de Carles Flavià no es tarea fácil, en absoluto. Al revés, tienes que «currártelo» día a día.

Ahí donde le ven, con su pintaza de buen tío, su ademán pausado, su calvicie agresiva (pues cada día le gana más terreno, por mucho que le joda), su sonrisa de viejo sátiro y su lenguaje de chico de barrio pero educado en los curas, es una tapadera casposa de una personalidad complicada y difícil a niveles casi terapéuticos y a la par sugestivos.

De él lo he pensado todo: que era un *bon nen*, que estaba loco de atar, que era una bestia, que era un cafre, que era muy inteligente, que era muy corto, que era un genio del vivir, que era cobarde, que era valiente, que era un *fill de puta*, que era maricón, que iba *salido* con las tías... en fin, todo lo que se puede pensar buenamente de un amigo.

Cuando le conocí yo estaba en Dagoll-Dagom haciendo *No hablaré en clase* o *Antaviana*, ahora no lo recuerdo bien. Flavià era muy amigo de Sisa, el gran cantautor. Juntos formaban un tandem insoportable en las noches del viejo Zeleste. Eran *cul i merda*, tal para cual. Los recuerdo, como si los viese ahora, en la barra del desaparecido local de la calle Platería, cargados de alcohol hasta el culo y bamboleantes como un barco en pleno temporal, «molestando» de palabra y obra a todo el que se acercara a su vera con gracias "muy logradas y salvajes" que sólo ellos dos reían. Por lo que parecía, se lo pasaban de puta madre, ellos, claro.

Yo fui una de sus víctimas. Admiraba mucho a Sisa y desconocía a aquella especie de Polifemo (como estaba siempre borracho, los ojos le convergían en uno) que acompañaba al cantautor y le jaleaba todas las «gracias». Un día pregunté que quién era aquel energúmeno. Me dijeron que era un *mossèn* amigo del cantante. ¡¡Un cura!! ¡Manda huevos! ¡Tan bajo ha bajo caído la Santa Madre...! Aluciné por primera vez con el personaje.

Cuando Sisa trabajó con Dagoll para *Antaviana*, tuve ocasión de tratarlos a los dos más asiduamente. En aquella época yo bebía mucho, y embrujado por ellos, me uní al coro de «salvajes de las noches celestiales», al que algunas veces se sumaban mi querido Gato Pérez, el Beethoven, Jaime Sorribas (ex Joglars), Ramón, el del restaurante Perellada y algún que otro elemento de la madrugada; pero (no está bien decirlo, pero lo digo) como servidor ligaba mucho (la borrachera en sí nunca me ha interesado si no culminaba con algún polvete, aunque fuera pagando) permanecía un rato con ellos y después me abría como un paraguas a buscarme la vida... erótica. La mayoría de noches «cargaba» para casa, pero «otra más mayoría de veces» me iba de vacío, como Dios manda.

A base de noches, alcohol y juergas mil, fui tratando a Flavià y descubrí en él un personaje fascinante como pocos he conocido en mi vida. Era un tipo brillante a más no poder, con un culturón tremendo que supongo que con el tiempo ha ido perdiendo, por no cultivarse, y con una biografía singular.

Presa de una timidez patológica se volcaba en «lo bestia» como una forma de liberación. Fue de los que estuvo en París en Mayo del 68 y de los únicos que no participó en la «revolución». Él estaba en el seminario estudiando para cura. Veía todo aquello distanciado («algunas veces oíamos follón en la *rive gauche* del Sena, pero nada más, ahí se acaba mi actividad en el Mayo francés...»). Aún estando, y viendo el follón de cerca, era de los pocos que no presumía de haber estado y de los pocos que no se ha montado una leyenda al respecto. La verdad sea dicha es que Flavià nunca presume de nada y esto le honra.

Trabajó en su época de cura en Cataluña con gente y barrios con graves problemas. Era un cura concienciado escuela *Casaldaliga*, pero con la selva aquí. El padre Manel, amigo y compañero de toda la vida, me contó que fue Carlitos quien lo metió en el tema religioso concienciado. Me quedé sorprendido. Nunca me hubiera imaginado a Flavià en las funciones de proselitismo.

Poco a poco, Carles, comenzó a entrar en mi vida como la malaria, sin darme cuenta. Nos aficionamos a hablar de filosofía (de la cual tiene algunas nociones): me fijé también que escribe de puta madre (no se prodiga nada); podías hablar con él y contrastar situaciones vitales y políticas aprovechando su lucidez inaudita. Yo aprendí vitalmente mucho de él y le debo algunas de mis posiciones vitales que, acertadas o no, conforman mi vida.

Trabajó conmigo como *manager* de ruta la tira de años. Juntos hemos viajado por Cataluña y España en una época en la que al espectador te lo tenías que currar día a día. Y quizá es la época de la que mejor recuerdo tengo.

Viajé con él por el mundo: Tailandia, Bali, la Polinesia francesa (Tahití, Bora Bora, Huahiné, Moorea, etc.), Chile, Brasil, Isla de Pascua... Y lo pasamos de puta madre, junto a broncas descomunales, que también las hubo.

Yo estuve enamorado de su madre, que era un ángel. Una de las personas cuyo contacto me proporcionaba un relajo como nunca nadie me lo ha dado en la vida. Ver a Carles con su madre era un espectáculo. La trataba con un cariño bestial, increíble. Y ella le reía las gracias ante la sorpresa del visitante no acostumbrado a ese trato tan singular: «¿Cuántos años piensas seguir viviendo, mamá?... No, te lo digo para organizarme, ¿vale?...».

Ahora es un monologuista de éxito. Y cada día más. Yo admiro su valentía y arrojo. No para quieto: colabora en la radio con Manel Fuentes (al que le tiene un cariño a tope, más que paternal); colabora en BTV con un monólogo de madrugada; hace bolos con sus espectáculos; prepara un espectáculo nuevo; juega al fútbol todos los martes; y... acude a tu llamada siempre que le necesitas... Y, como decía el gran filósofo: «Un amigo es aquel que cuando te pregunta como estás, siempre escucha lo que le dices...».

Así es Flavià, aunque en público parezca que pase olímpicamente de ti, de todo el mundo y hasta incluso de él mismo. O lo tomas, o lo dejas.

RUBIANES
SEGÚN
FLAVIÀ

Si no recuerdo mal, creo que conocí a Rubianes en el 77 o 78, cuando él hacía *Antaviana* con la compañía Dagoll Dagom. Yo era muy amigo de Jaume Sisa, que era el compositor e intérprete de la música de esa obra, y yo iba a buscarle todas las noches a la sala Villarroel. Y de allí, nos íbamos a tomar copas al Zeleste, cuando el local estaba en la calle Platería.
Establecido el primer contacto, recuerdo que asistí al primer espectáculo que Pepe hizo en solitario: *Pay-Pay*, en la Cúpula Venus. Nuestra relación se intensificó y Pepe y yo hablábamos de la posibilidad de que yo fuera el productor de su próximo espectáculo, que fue *¡No!*, o si no, de producirlo a medias. Pero en esa época yo estaba casado y mi mujer no lo vio claro, pensó que perderíamos dinero y lo dejé correr. Ahora pienso que me equivoqué, porque no hubiéramos perdido dinero, más bien, todo lo contrario.
Años más tarde, no recuerdo exactamente qué año fue, entré a sustituir a la chica que se encargaba de traerle los cafés, y poco después me convertí en su *road manager*, que es una especie de masajista y asistente espiritual, durante las giras que realizamos por España.
El trabajar juntos nos llevó a viajar juntos durante las vacaciones. Primero estuvimos en Villagarcía de Arosa, y como la cosa fue bien, decidimos repetir la experiencia. Hicimos dos viajes largos: uno a Bali y Bankok, y otro a la Polinesia, pasando por Chile y la isla de Pascua y regresando por Brasil, donde Pepe se quedó un mes más por ahí.
No sé si decir que Pepe es un buen o mal amigo. De hecho, él estuvo casado con una mujer y me la traspasó de forma gratuita. Creo que eso

quiere decir que es un buen amigo. A ella la conocí cuando aún vivía con Pepe. Después pasaron por distintas etapas de la relación y ella, cansada de lo que tenía que aguantar, terminó quedándose conmigo.

Galante y estudiante,
huidizo y viajero,
seductor, tunante y ambulante.
Cariñoso, simpático, divertido talento,
rézale a Santiago te conserve contento.
Millonario en afanes, palabras y ademanes.
Así se me aparece Pepito Rubianes.

Índice

y también...

LOS MEJORES CHISTES DEL MUNDO

Samuel Red

Un desternillante recorrido por el humor y la sátira de todos los ámbitos y todas las épocas. El autor inicia con este libro, indispensable para los amantes del humor, un recorrido por los mejores chistes de todos los ámbitos y todas las épocas.

LOS MEJORES CHISTES DEL MUNDO 2

Samuel Red

¿Reíste leyendo el primer volumen? Entonces la segunda parte te encantará.

En este libro el autor continúa su particular e inestimable terapia de la risa con los chistes más divertidos de todas las épocas y todos los géneros.

LOS MEJORES CHISTES VERDES

Samuel Red

La mejor recopilación de los chistes verdes más picantes y divertidos de todos los tiempos. Un poco de sexo y humor son los mejores ingredientes para hacer reír a cualquier audiencia... Tras sus dos recopilaciones de chistes anteriores *(Los mejores chistes del mundo* y *Los mejores chistes del mundo 2),* Samuel Red nos vuelve a divertir ahora con un libro muy, muy picante.

EL MÚSICO BROMISTA

N. J. Groce

Durante los últimos años ha surgido una moda de chistes específicos de músicos y de amantes de la música bien informados. Quienes los escuchan comparten una base común de conocimientos tanto musicales como de las vivencias de los músicos. Aunque no todos los músicos cuentan estos chistes, la mayor parte de la profesión conoce, por lo menos, algunos.

La más desternillante recopilación de los chistes que se cuentan entre bastidores en el mundo de la música clásica, el pop, el jazz y el folk: desde los más simples hasta los de mayor complejidad musical. ¡Para morirse de risa!

DANDO LA NOTA

Lawrence Lindt

Una recopilación de anécdotas y divertidas curiosidades sobre las rarezas, disputas y defectos de los músicos, que logra desmitificar la extendida imagen del músico ególatra y despistado, melancólico y ensimismado o colérico e imprevisible. Una visión de la música poco solemne y muy lúdica.

Si usted es músico, cantante, compositor, director de orquesta, intérprete o, simplemente, melómano, no tema abrir las páginas de este libro, escrito para hacerle reír hasta quedar sin fuelle…

CON SOTANAS Y A LO LOCO

El Descosío

Las más divertidas anécdotas de curas, monjes y otros ministros de Dios. Una jocosa y desopilante antología que recoge los mejores y más irreverentes chismes y despropósitos del mundo de las iglesias, los conventos, los monasterios y otros escenarios de la fe.

¡QUÉ BESTIA!

Dr. Rocaviva

Lo último y lo más raro, desternillante y atrevido que corre por la red. La editorial y el autor no se hacen responsables de las horas de psicoanalista que la lectura de este libro pueda provocar. Antes de leerlo consulte a su farmacéutico y a su médium.

HUMOR ONLINE

¡AÚN MÁS BESTIA!

Dr. Rocaviva

Si el humor mordaz de ¡Qué bestia! te escandalizó, te pareció políticamente incorrecto, hirió tu sensibilidad y te arrancó carcajadas salvajes, prepárate, porque esta segunda parte es aún más cañera y, por lo tanto, más desternillante. Ningún colectivo se salva de los chistes bestias recopilados por el Dr. Rocaviva.

HUMOR ONLINE 2

JACOPO FO

El maestro de la provocación

CEREBROS VERDES FRITOS

(o, modestamente, estoy chalado)

Jacopo Fo

Quizá por influencia de sus padres (el Nobel Dario Fo y Franca Rame), Jacopo Fo hizo desde niño lo que quería hacer... Y así descubrió algunas cosas singulares de la especie humana. En este libro, un desternillante manual de autoayuda al revés, Fo sienta las bases de una nueva ciencia: la estupidología humana.

Este libro te desvelará todo sobre el cerebro, la psique, el ser y el subconsciente. Después de su lectura tus conocimientos no tendrán nada que envidiar ni a los de Freud ni a los del doctor Frankenstein.

EL POLVO GALÁCTICO

(o cómo ponerse en órbita con el sexo sin límites)

Jacopo Fo

De la mano del más provocador y agitador cultural italiano, Jacopo Fo, nos llega el más preclaro y desternillante manual de sexualidad jamás publicado... y que no habla de los primates, sino de las personas.

Con un humor recalcitrante, Jacopo Fo nos habla no sólo de los tropiezos sexuales conocidos, sino de algunos que solamente existieron después de haberlos padecido él. El sexo tántrico, el orgasmo múltiple, el punto G, el punto L, la eyaculación femenina y otros placeres al alcance no sólo de su mano.

DOS CABALGAN JUNTOS

(Las pifias de Bush y «Ánsar»)

Marc Ripol

Ilustraciones de Jaume Bach

Marc Ripol ha rastreado todo lo dicho en los últimos años por estos dos políticos, convertidos súbitamente en uña y carne, y ha seleccionado un ramillete de auténticos disparates y retruécanos incomprensibles. Los lapsus, patinazos y meteduras de pata de George W. Bush y José María Aznar, dos líderes del nuevo desorden mundial.

Y Bush dijo: «Yo sé lo que creo. Yo seguiré expresando lo que creo y en qué creo... Creo que lo que creo es lo correcto».

Y «Ánsar» dijo: «A mí me gusta que la mujer sea mujer, mujer».